WAC BUNKO

ドイツの失敗に学べ！

川口マーン惠美

WAC

ドイツの失敗に学べ！　◎目次

第2章 異常な「極右」排除が突き進む「全体主義」

第3章 非科学的で不合理だった「脱原発」と「再エネ」

第4章 地獄に堕ちても中国を捨てられない

装幀／須川貴弘（WAC装幀室）
編集協力／佐藤春生
写真／宇佐見健

序章

メルケルの「理想」がドイツの「凋落」を招いた

日本人がイメージするあのドイツはもうない

日本人がドイツと聞いて思い出す名前は、ベートーヴェン、ニーチェ、ゲーテ、ルター、グリム兄弟、そして、もちろんヒトラー……。数え上げればキリがない。

イメージとしては重厚で知的で冷静。しかも、「ドイツにはその昔、音楽も、医学も、法律も教えてもらったし、戦争の時は軍事同盟も結んだし……」などと、親近感の持ち方も半端ではない。そのせいか、多くの日本人は今でも「ドイツとは、真面目で勤勉な人たちが住むハイテク工業国だ」と信じている。

確かに、私が暮らし始めた40年前のドイツはその通りで、骨太の、秩序だった国という印象が強かった。日本とは、産業化の度合いも、教育程度も、価値観も結構似ていて、お役所仕事は賄賂《わいろ》などなくてもきっちり進んだし、何よりも、電車は遅れず、郵便物はなくならなかった。そういう意味では、ドイツは日本人にとっても、住みやすく良い国だった。

ところが、いつの間にかすっかり様変わり。人々が勤勉に働き、電車や郵便が正確に機能するドイツは、すでにない。それどころか、エネルギー政策の失敗のせいで国際競争力が失われ、この調子ではいつまでハイテク工業国でいられるかも怪しくなってきた。

今、ドイツでは脱産業が懸念されているといったら、日本人は腰を抜かしそうになるのではないか。

ドイツでは国民の間に、さまざまな分断が存在している。膨大な数の移民系の人々と、元からいたドイツ人の間に流れる不協和音もそうだし、イスラム教徒とユダヤ系の人たちの間の緊張もあれば、単に国民の間の貧富の格差も広がっている。また、「ドイツのための選択肢（AfD）」といった伝統や文化を守ろうとする新興の保守党に対する、既存の全政党の政治家、及びメディアによる攻撃が激しさを増し、そのせいで引き起こされている支持者の対立も不穏なレベルに達している。要するに、今、挙げたようなことが相まって、ドイツの治安までがどんどん侵食されてしまっているのだ。

思い返せば、40年前のドイツは、もちろん日本ほどではないにしろ、結構安全だった。危ないのは限られた場所だけで、当時、私の住んでいたシュトゥットガルトでも、どこで麻薬が取引され、どこに娼婦が立つかなどということは皆が知っていて、要はそこに近づかなければよかった。

ところが、ここ数年、音楽会の後など、夜道を一人で歩くのが怖い。それどころか、届強な体躯《たいく》の男性でさえ、犯罪の統計を理解できる人なら同じことを言う。つまり、変わったのは私ではなく、ドイツだ。この先、どうなってしまうのかと思うと、とても不安だし、悲しい。そんな時、私の脳裏にはいつも、ドイツにいる小さな孫たちの顔が浮かぶ。この子たちが見るドイツの将来の風景は、いったいどんな風になっているのだろうかと。

メルケルと互角の権力者? バウマン

2024年11月26日、ドイツのアンゲラ・メルケル前首相の回顧録が出版される予定だ。タイトルはズバリ、『Freiheit』、邦訳すれば「自由」である。そして、「思い出 1954—2021」という副題が付いている。1954年はメルケル氏の生年、2021年は政治から引退した年だ。

ただ、このタイトルとは裏腹に、ドイツからは現在、自由がなくなりかけている。そして、その一番の元凶はメルケル前首相ではなかったかと、多くの人が気づき始めている。私はすでに数年前から、ドイツはソフトな全体主義に移行し始めていると書いていた。だから「自由」というタイトルは究極の皮肉であり、国民を嘲笑っているように、私には思える。

一方で、メルケル治世の16年間、国民の多くが、好んで彼女に操作されてきたことも事実だ。メルケル氏の売りは、経済繁栄のドイツであり、人権擁護のドイツであり、何よりも環境重視のドイツだった。ドイツ国民は、今もその夢を追い続けたいのかもしれない。

メルケル氏の本は、今、決まっているだけでも30カ国の言語に翻訳されるといい、すでにベルリン界隈では半年も前からＡｍａｚｏｎのベストセラーに入っている。なお、正確に言うなら、同著はメルケル氏の単著ではなく、参謀であり、アドバイザー、プランナー、そして、右腕だけでなく、両腕を兼任しているといっても過言ではない腹心、ベアーテ・バウマン氏との共著だ。

バウマン氏は１９６３年生まれ、メルケル氏より9歳年下の女性だ。92年1月、家庭相だったメルケル氏の下で働き始めて以来、２０２１年の首相引退までほぼ30年間、メルケル氏とともに山越え、谷越え、目眩《めくるめ》く出世街道を上り詰めた。当然のことながら、彼女がメルケル政治に及ぼした影響力は絶大だ。

あらゆる重要な会議はバウマン氏抜きには開かれず、あらゆる重要な案件がバウマン氏のデスクを素通りすることはなかった。また、メルケル氏のスピーチ原稿は、最大の効果を発揮するよう、バウマン氏によって事前に綿密に調整された。メルケル氏が最高権力者であったとしたら、バウマン氏は間違いなく第二の、それどころか互角の権力を行使していたとも言われる所以《ゆえん》だ。

頂点にいる政治家というのは、まわりは敵ばかりの過酷な環境で生き延びなければならない。そんな中、メルケル氏が心から信頼できたのは、夫を除けば、このバウマン氏だけだったという見方はおそらく正しい。

「2人は、自分たちの吐いた嘘、自分たちの弱点、自分たちの恐怖を共有していた」(2007年3月、独「シュテルン」誌)

おそらく運命共同体だったといっても過言ではないだろう。

ただ、バウマン氏の存在は、昔も今も深い謎に包まれたままだ。端的にいうなら、彼女についてはほとんど何も知られていない。インタビューには応じず、写真もほとんどない。お化粧もせず、いつも地味で実用的なパンツスーツを纏《まと》い、カメラマンの姿があるところでは、必ず誰かの後ろに隠れた。メルケル氏の「影」と呼ばれるのも、まんざら喩《たと》えだけではなかった。

2017年6月、スイスの日刊紙「ターゲスアンツァイガー」が珍しくバウマン氏についての記事を掲載したが、それは次のような文章で始まっていた。

「これは本来なら、語ることのできない物語だ。なぜなら、元々、存在していない女性についての物語であるからだ」

同紙は書く。政治家が集まり、議論や雑談をしている時に、記者が、バウマン氏、あるいはバウマン氏とメルケル氏の関係などについて、彼らから何かを聞き出そうとすると、一瞬でその場が凍りつくと。なぜなら皆、2人が絶対にその情報源が誰であるかを突き止められることを知っていたからだ。それほど彼女たちの影響力は甚大だった。しかし、皆、何をそれほど恐れていたのだろう？　私にはそれがわからない。

いずれにせよ、その状況はおそらく今もあまり変わっていない。だからこそ、現在のドイツの低迷は、その原因の多くがメルケル氏につながることがすでに明らかになっているというのに、誰もそれに言及しようとはしない。それどころか、政治家たちは、11月に出る彼女の回顧録に何が書かれているかが、気になって仕方ないのだ。

なお、興味深いのは、一心同体とも言えるメルケル氏とバウマン氏の関係は、完全にビジネスライクであったと伝えられていること。10年ぐらい前、2人が親称ではなく、敬称で呼び合っていることを読んで驚いた記憶があるが、しかし、今になってはこれもカムフラージュの一つであったのかもしれないなどと思う。

果たして、2005年以来の16年にわたるメルケル政権とは何だったのか。メルケル氏の経歴、そして業績に関しては、拙著『メルケル　仮面の裏側』(PHP新書)でかなり批判的に論じたが、本書ではできればそれをもう少し掘り下げてみたいと思う。

氏の日本での存在感は今も大きく、メルケル氏はドイツの名宰相の一人に数えられている。異様なまでに民主主義を強調し、脱原発を加速させ、移民・難民を無制限に受け入れ、LGBT擁護にお墨付きを与え、再エネやEVを推進し、中国と蜜月関係を築き、EU加盟国の主権をEU本部に移譲することに力を注いできたメルケル氏。いわばグローバリズムの権化《ごんげ》である。そして、多くの日本のメディアがそれを理想とし、ドイツを見習えと論じた。日本人の多くも、やはりメルケル氏とともに夢見たのである。

移民・難民が増えた理由

ところが実際には、ドイツの実態は惨憺《さんたん》たるものだ。ドイツ社会では、1970年代にやってきたトルコ(クルド)、イタリア、レバノン系などの移民はすでに定着しているが、特定の都会の一角には、長年のあいだに彼らの一部がマフィアのような血縁犯罪組織を形成した。

そこに、2015年以来、メルケル首相の「難民ようこそ政策」で入った中東難民、また、それに乗じて入ってきた北アフリカの人間、さらには中東難民を装った雑多な国籍不明の人たちが加わり、治安全般が悪化しているだけでなく、ギャングの世界でも縄張り争いが加熱している。

EUには「ダブリン協定」があり、難民は最初に入国したEU国で難民申請をしなければならないと定められている。しかも、難民申請ができるのは一度だけ。また、最初に入国した国から他国へ許可なく移動することも禁じられている。つまり、15年夏の、あたかも民族大移動のようになった難民騒動の発端はというと、内戦を逃れてEUに押し寄せた多くのシリア難民が、EUの外壁であったハンガリーに溜まってしまったことだった。言い換えれば、当時はまだ、ダブリン協定が機能していたわけである。

ただ、難民の目的地はハンガリーではなく、オーストリアやドイツ、スウェーデンなどだったため、ハンガリーで難民登録されないよう逃げ回った彼らがブダペスト中央駅の周辺に集結し、「ドイツ行きの電車に乗せろ」と要求して大混乱が生じた。そして、それを見かねたメルケル氏が、ハンガリーにいる難民をドイツで引き取ると宣言し、事実上、国境を開放した。要するに、メルケル氏の手によって、ダブリン協定は事実上、反故《ほご》となった。

これ以後、ドイツには、ハンガリーからオーストリア経由で、毎日、大量の中東難民が入り、この年だけで公称89万人が、文字通り流れ込んだ。誰が、何人入って、どこにいるかがわからない状態が続いたが、メルケル氏は、「ドイツに誰が入国するかは、私たちが決められることはできない」と嘯《うそぶ》いた。

これは主権の放棄であり、冷静な思考を保っていた他国の人々は驚愕《きょうがく》したが、肝心のドイツ人は自分たちの人道的行為に酔った。なお、当時、日本のメディアもそれを賞賛したことを特筆したい。

そして、これ以後、ヨーロッパの各地で、大規模なイスラムテロが頻発するようになった。難民と共に、イスラムテロリストがEUに雪崩《なだれ》れ込む可能性は、当初から多くの人が指摘していたことだったが、それはドイツの人道主義の前では問題視されることがなく、反対に、警告した人たちこそが問題とされたのである。

舵を切り損ねた「多文化共生」と「多様性」の追求は、今、ドイツを、夜になると娘の帰宅を気にかけなくてはならない国にしてしまった。本書では、無計画な難民政策が引き起こしているさまざまな弊害についても論じるつもりだ（第1章参照）。

メルケルの亡国政策

難民政策と同じぐらい大きな被害をドイツにもたらしたのが、メルケル氏のエネルギー政策だ。何の支障もなく動いていた原発を、2022年までに全て止めることを独断で決定し、また、ドイツの今日の繁栄が、石炭を中心とした伝統的な産業構造に支えられていることも無視して、2038年までの石炭火力の廃止も打ち出した。現在のドイツの衰退は、これらの政策によって始まったといっても過言ではないだろう。

同時に氏は、再生可能エネルギーへの依存を強め、さらに、ロシアからのエネルギー輸入を急速に拡大させた。その結果、発電において信頼性のある電源は次第にガスしかなくなり、その上、2021年には風不足で風力発電も機能しなかったため、ガスの価格は鰻《うなぎ》登《のぼ》りとなった。現在のドイツ政府は、エネルギーの高騰と逼迫《ひっぱく》をプーチン大統領のせいにしているが、問題は、実はそれ以前に始まっていたのだ。ドイツの現在のエネルギー危機は、ほかのどの国よりも深刻で、企業が続々とドイツ脱出を図っているが（第3章参照）、その原因の多くは、ドイツが自分で蒔いた種と言える。

さらに対中政策も、タガが外れている。「儲けさせてくれるなら、できる限りの妥協をします」のシグナルを送り続けた結果、独中関係はこれまでにない蜜月となり、メルケル氏の訪中に同行した大企業のボスは、多い時には40人にも上った。交易は破格に伸び、両国にたわわな経済的果実をもたらしたかにみえたが、いつしか中国はドイツにとって、制御不能となってしまった。今や独中貿易はウィン・ウィンどころか、完全に中国優勢である（第4章参照）。

今、EUで吹き荒れているグローバル化の波を、熱心に貫こうとしているのもドイツだ。ただ、それは、グローバルエリートと国民の間に激しい乖離《かいり》と対立を生み、さらに、グローバル化に抵抗するAfDの台頭を招いた。AfDを生んだのはメルケル首相だという批判には、根拠があるのだ。

それにしても、保守政党であった「ドイツキリスト教民主同盟（CDU）」を率いつつ、ドイツを左傾化させたメルケル首相の手腕は、あらゆる意味であっぱれである。しかも、これこそが、現在の言論弾圧と全体主義化（第2章参照）だけでなく、軍事弱体化（終章参照）にもつながっている。ちなみに、今やドイツ国民は、日本に負けず劣らずの平和ボケとなってしまった。

これまでの私は、ドイツと日本は似ているようでいて、実は似ていないと主張し続けてきた。しかし、今、ドイツと日本はやはり似ていると、つくづく思い直している。これまで40年間、ドイツと日本を観察してきたが、日本の社会現象や、人々の思考は、常に若干の時間差でドイツの後を追いかけてきた。では、両国のいったい何が似ていたのか、そして、これ以上、似てしまっては何が危うくなるのか。今、距離を持って、それを冷静に考えてみるのが、本書の目的である。

第1章

「移民・難民」…先進国で次々に巻き起こる異変

1　川口市は序の口――「移民・難民」の事件続出

反移民・難民に動く欧州諸国

これまで移民受け入れの模範国だったスウェーデンやデンマークで、180度の政策転換が図られている。理由はやはり、急激な治安の悪化だ。

スウェーデンはこれまで、来た人のほぼ全員に永住権を与えていたが、2024年からは受け入れ人数に制限をかけ、永住権も原則、与えなくなった。移民が形成した犯罪組織同士の争いがエスカレートし、拳銃を使った凶悪犯罪が増え、収拾がつかなくなったからだ。スウェーデン政府は、これら犯罪組織の撲滅《ぼくめつ》のため、国内での軍隊動員の計画まで発表した。

また、それに先立って、やはり寛容な移民政策をとっていたデンマークも難民受け入れを止め、国境を厳重に監視している。

一方、東欧のハンガリーやポーランドは当初より、イスラム系の難民は「考え方や伝統が違いすぎる」という理由で受け入れを拒否してきたため、入ってきた難民を全加盟国に振り分けようとするEUとの諍《いさか》いが絶えなかった。しかし、今では、ハンガリーやポーランドのやり方に、西欧、北欧が追従している形だ。

地中海では、すでに20年近く前より、主にアフリカ難民がEU入国を図ろうと、粗末なボートや小船で海に漕ぎ出し、距離的に一番近いイタリア領の島々を目指した。しかし、地中海はれっきとした外海なので、本来ならば、小さなボートでの出帆など危険すぎてあり得ない。実際に、独「Statista」(世界最大の統計データプラットフォーム)が把握しているだけでも、2023年の初めから9月17日までに海の藻屑《もくず》となった命が2340人。しかもこれは、おそらく氷山の一角だと思われる。

中でもEUの難民問題の象徴となったのがランペドゥーザ島。イタリア領ではあるが、シチリアよりも北アフリカのチュニジアに近い。ここには、毎年、春から秋にかけて、島の人口を上回る難民が漂着し、一方のチュニジアは、アフリカ中からEUに行きたい人々が集結して、あたかもアフリカ難民の積み出し港といった様相を呈した。

しかし、そのうち、難民が溺れ死ぬのを見かねたNGOが大型船を調達し、漂流中の彼らを掬《すく》い上げて、イタリアに送り届けるようになった。それに対してEUの取った対策といえば、NGOがイタリアに連れてきた難民を各国に振り分けることでしかなかったため、EUは増え続ける難民で、次第に窒息状態になっていった。

ただ、実際には、難民が皆、自力でボートや小船を工面して海に漕ぎ出しているわけではなく、その裏には密航を斡旋《あっせん》している国際的犯罪組織が存在した。これは、大した元手もいらず、麻薬の密輸などよりリスクも少なく、失敗しても返金義務もないため、今や巨大な資金が動くビッグビジネスだ。そして、この犯罪組織とNGOが密接に協力しながら、長い間、シャトル便のように、アフリカからイタリアへ難民を運んできていた実態は、すでに周知の事実となっていた。

一方、NGOを背後から強力に援助していたのが、世の「慈善」に貢献する巨大な組織だ。彼らの目的が、人道援助なのか、EUを難民で満たすことなのか、あるいは、何かそれ以外のことを達成しようとしているのかはわからない。いずれにせよ、出資者としてよく名前の挙がるのが、ジョージ・ソロス氏のオープン・ソサエティ財団。そして、そのような〝人道的活動〟のために一番困っているのが、イタリアであったことは誰の目にも明らかだった。

そのイタリアで、2022年10月、毅然《きぜん》とした難民政策を打ち出した保守の政治家、ジョルジャ・メローニ氏が、首相に就任した。氏は特にNGO船を問題視し、その船籍として一番多かったドイツと激しい火花を散らした。実はドイツ政府は、これらのNGOに膨大な補助金を出している。

そのため反発したメローニ首相が、資金援助をやめるよう、ドイツ政府に書簡で要請したのが2023年9月末。それに対し、ドイツのアンナレーナ・ベアボック外相(緑の党)が、「人命救助に対する支援はやめない」と応酬。女2人の対立はエスカレートした。イタリアの当局が入港の許可を出さず、数百人の難民を積んだドイツのNGO船が、何日も公海上を彷徨《さまよ》う事件も一度ならず起きた。

メローニ氏は、将来、難民の審査を国外で行うことを計画しており、アルバニアに難民収容施設をつくるつもりだ。難民はイタリアに上陸させず、アルバニアに送り、そこで審査をして、資格のない者はそのまま送り返す。こうなると、まず、イタリアを目指す難民が減るだろうから、要するに、これを抑止力として機能させたいわけだ。

なお、EUに不法入国した難民たちの最終目的地となっているドイツでは、すでに受け入れの限界を超えた自治体が苦悩しており、この無秩序な難民政策を正そうとするAfDへの支持率が急激に伸びている。

日本は移民を絶対に受け入れてはいけない

難民と移民を入れ過ぎたときの最大の問題は、治安が悪くなること、そして、援助のためのコストに歯止めがかからなくなることだ。また、それに加えて、文化や習慣のまったく違う人たちが大量に入ってくることにより、国柄が変わってしまうという長期的リスクもある。

日本人は信じ難いと思うが、2024年8月に、連邦警察のディーター・ローマン長官とナンシー・フェーザー内務相（社民党）が共同で発表した23年についての年次報告によれば、2023年の犯罪の総数は約80万件で、1日に換算すると2160件を超えた。ちなみに連邦警察とは、陸海の国境と、ドイツ鉄道と空港の警備を担当しており、それ以外は各州の警察の管轄だ。

一番多かったのが滞在許可に関する違法行為で、前年比38％増の39万件。中身は、不法入国、不法滞在、給付金の不正取得などが主で、つまり、80万件の犯罪のほぼ半数は、不法移民や外国人、つまり、ドイツ人以外が関与した犯罪だった。

いずれにせよ、どれもこれも、２０１２年以来最悪の数字で、前年比では、暴行事件が10・6％、スリ・窃盗が16・4％と二桁台のパーセンテージで伸びており、特に性犯罪は15％増で２５００件。性犯罪は、外国人による犯行がドイツ国籍の人の7倍で、２０１７年からの通算では、５万７０００人の女性が難民による性犯罪の犠牲になっている。犯人の国籍は、多い順からシリア、アフガニスタン、イラクと続く。

また、ナイフを使った犯罪も2万６０００件と急増しており、これも外国人の犯行がドイツ人の6倍。犯罪現場は鉄道の駅構内や列車内が多い。犯罪は凶悪化しており、最近の特徴としては、パトロール中の警官や、救助に駆けつけた消防や救急隊員が攻撃されるケースが増え、これも過去最高。２０２３年は、２９７９人の警官が被害に遭い、７９３人が負傷した。

要するにドイツでは、列車内や駅構内でのナイフによる恐喝や傷害事件が日常茶飯事なのだ。日本の列車内の事件といえば、２０２１年8月、東京での小田急線刺傷事件（10人が負傷）が起こって大騒ぎになったことが思い出されるが、ドイツに比べれば、まさに別世界だ。

ドイツ一の購読数を誇る大衆紙「ビルト」の調べでは、ドイツで特に危険な駅は、ハノーヴァー、フランクフルト、ハンブルク、デュッセルドルフなど。ただ、ドイツで一番危険な町はというと、間違いなく首都ベルリンだ。

なお、14歳未満の子供は法律で守られており、どんな罪にも問われることはないため、昔から南ヨーロッパの街頭では、まわりの大人にやらされていると思われる子供のスリが横行していたが、最近のドイツでは、14歳以下の子供による凶悪な犯罪が増えた。殺人に至る事件も繰り返し起こっており、触法年齢を14歳から12歳に下げるべきではないかという議論も出ている。

ナイフによる傷害事件は日常茶飯事

難民や外国人のせいで犯罪が増えたなどというと、すぐさま差別主義者にされるのがドイツの風潮だが、2022年、2023年は、難民申請者と違法入国者が急増し、ピークだった2015年、2016年を凌《しの》いだ(2015年はメルケル氏が国境を開いた年)。

そのため、現在、ドイツには、中東、旧ユーゴスラビア諸国、北アフリカのチュニジアやモロッコあたりから来た若い男性が大勢いるが、日本人がポケットにハンカチを入れているように、彼らの多くはポケットにナイフを持っている。元々は護身用グッズ、あるいは男らしさの証明、要するに一種のカルチャーで、別に人を殺《あや》めるためではないのだろうが、いざというときには、当然、凶器になる。しかも、仲間内の抗争だけでなく、何かのきっかけで、それが時に何の関係もない普通の市民にも向けられるのだ。

ドイツ有数の犯罪都市である首都ベルリンでは、同市の警察が発表した統計によると、2023年1月からたった2カ月半ほどの間に、635件のナイフによる暴行事件が起こっていた。2022年の同時期と比べると277件増だというから、急激な伸びだ。ちなみに、これを東京都に置き換えると、1年で1万1000件以上の暴行事件が起こったことになる。考えるだに物騒だ。

ナイフというのは接近戦においてはピストルよりも危険な武器で、心臓や首なら即死させることが可能だし、うまく太ももを刺せば出血多量でやはり殺人ができる。そして、最近、太ももを狙うケースが増えているのは、後で起訴された時、殺意がなかったという口実に使えるからだという。故意の殺人と、過失致死では、当然、刑が違ってくる。

また、ベルリン警察で警官に格闘技を教えている教習官が語っていたところによれば、最近の暴行は残酷さを増しているそうだ。昔なら、たとえナイフをちらつかせて喧嘩をしても、相手が倒れればそれでたいてい終わったが、最近の傾向としては、倒れた後も、半死になるまで頭や腹を踏み付けるような陰惨な攻撃が増えているという。

川口市のクルド人問題を甘く見るな

これまでは移民・難民問題への関心が低かった日本だが、最近、埼玉県川口市での「クルド人」の引き起こす問題がしばしば取りざたされるようになり、ようやくその危機意識に目覚め出したようにみえる。

クルドとは、シリア、イラク、トルコ、イランの4カ国にまたがって住む民族で、人口は2500〜3000万人と推定されている（統計がない）。国家を持たない民族としては世界最大で、これまでどの国でも迫害、あるいは、あからさまな攻撃を受けてきたが、その理由は、クルド族が独立を目指しているからだろう。クルド族の居住地は油田があり、水があり、緑があり、肥沃だ。よって該当国は、クルドの独立など絶対に認めようとはしない。しかし、それがかえって、クルド族の民族的団結を強くし、彼らを勇猛に戦わせる結果となった。特に、クルド人の多いトルコとイラクでは、過去何十年も断続的に政府との戦闘が続き、残忍なテロも絶えなかった。トルコでその抗争をようやく治めたのがエルドアン大統領だと言われるが、抜本的に解決したのかどうかはわからない。

なお、クルドといっても、それが一枚岩でないから事態は複雑なのだ。ちなみに、日本に入っているクルドは、トルコ国籍のクルド人で、ＰＫＫ（クルディスタン労働者党）に属する人たちも多いと言われる。ＰＫＫとはクルド独立を目指す団体で、トルコ政府はもちろん、ＥＵやアメリカからもテロ組織として禁止されている。

いずれにせよ川口市では、そのクルド人が市立病院前に集結し、機動隊が出動する騒ぎが起きたり、クルド人問題を取材していたジャーナリストが脅迫されたり、最近では、撮影しようとスマホを取り出しただけで、複数人に取り囲まれたりするようになってきたという。

ちなみに、ドイツにもクルド人はたくさんおり、トルコ移民と言われている人も、民族的にはクルド人であることが多い。元々、中東系の移民は家族の結束が固く、集団行動をする傾向が強い。同族が関与した喧嘩や、あるいは、子供が怪我をさせられたなどというきっかけでも、あっという間に同胞が何十人も集まり、一触即発となるのはよくある話なので、川口市で起こっていることに関しては、私としては既視感があった。

また、ドイツでは、夜、駅のまわりなどに、難民申請中と思われる人たちが、よく缶ビールを手にして屯《たむろ》している。おそらくイスラム教徒なので、これまであまりアルコールに接したことがなかったのではないかと思うと、ちょっと危ない光景だ。しかし川口市でも、一部のクルド難民がコンビニのまわりに溜まって、女性に声をかけたりしているといい、これで近隣の人に心配するなというのは、無理な話だ。

こんな日常に音を上げて、日本人が脱出し始めると、あっという間にクルド租界ができることは目に見えている。川口市の一部に、ベルリンやケルンなどにあるような犯罪の温床、警察も入りたがらない〝no go area（立ち入り禁止区域）〟ができてしまうことを、私はとても懸念している。

難民ではなく不法滞在者

現在、同市に登録されているクルド人は約3000人。お隣の蕨《わらび》市にもクルド人は多く、クルディスタンを文字って、〝ワラビスタン〟などと呼ばれている。登録されていない人も加えると、かなりの人数になるのではないか。

難民申請中のクルド人は、川口市では1カ月4・5万円の保護費がもらえ、プラス住宅補助が4・5万円。子供がいれば、さらに子供手当が付く。審査中は働いてはいけない規則だが、解体業などに従事している人も多く、親分級の人は外車に乗っているというから、法的には何がどうなっているのかワケがわからない。しかも、難民申請は今でこそ二度までとなったが、これまでは審査に落ちても、何度でも申請できたという。いずれにせよ、これらの経費の大部分を川口市民が税金で負担しているのである。

クルドの一番のお祭りは春分の頃で、在日クルドの人たちも、毎年、戸外で、綺麗な民族衣装を着て祝う。数年前、その様子がある新聞のウェブサイトで紹介されていたのだが、掲載されていた写真を見て驚いた。アブドゥラー・オジャランの顔写真の付いた旗がずらりと並んでいたからだ。トルコ出身のオジャランは、前述の通り、ＰＫＫ、つまり、クルドの民族自決を目指すクルディスタン労働者党の創立者だ。

私は、クルドの歴史も、また、これまでのクルドとトルコ政府、あるいはクルドとイラク政府との間の熾烈《しれつ》な戦いについても無知である。背景も知らなければ、両者の言い分も知らない。

ただ、知っているのは、現在、PKKが米国やEUからテロ組織に指定されており、オジャランがトルコで終身刑に服していることだけだ。つまり、PKKのクルド人を難民として受け入れれば、本来ならば、トルコとの外交問題に発展しても文句は言えない。

実は、スウェーデンがそれをしたため、トルコのエルドアン大統領にNATO加盟を拒まれたのは、つい最近の話だ（その後、この問題は解決し、スウェーデンはNATOに加盟した）。川口市議会の政治家、そして、クルド支援の日本人らが、そのあたりの事情に精通していることを願うばかりだ。

ちなみに、前述の新聞はクルドの人たちの春分のお祭りを、祖国を思うクルド人のほのぼのとした記事に仕立て、さらに、〝保険証がなくて医者にも行けない〟と訴える可哀想なクルド人に同情していたが、保険証がないということは、ひょっとして不法滞在者ではないか。日本政府は、難民を受け入れるのはいいが、それを現在のように、自治体に丸投げしていては絶対にいけないと思う。

人道的でありたいという願望が強く、これまで全力を尽くして難民をサポートしてきたドイツ人も、ここにきて、そのモチベーションは完全に低下している。難民と、難民の進化形としての移民がもたらす経済的負担、そして、何より治安の悪化に、国民はすでに音を上げているのだ。

帰化にかかる年数を8年から5年に短縮

ノートライン＝ヴェストファーレン州は、かつての炭鉱の街を多く抱える州で、人口は最大、移民系の住人の数も多い。マフィアのように血縁で結ばれた組織的犯罪グループも多数存在し、２０２３年に摘発された容疑者は34・９％が外国人だった。２０２２年、同州の全人口に占める外国人の割合は15・６％だったから、外国人犯罪のパーセンテージの異常な高さがわかる。

いや、元々ドイツ人ではなかった人たちの犯罪も含めると、さらに高いと思われる。というのも、すでに帰化してドイツ国籍を持っている移民系の人は多いし、その子供もドイツ国籍となるし、また、二重国籍の場合も、ドイツ人としてカウントされるからだ。

現在、ドイツの外国人は約１２００万人だが、社民党政権は、できるだけ多くの外国人にドイツ国籍を配ることを旨としており、２０２３年、市民権法を改正し、これまでは帰化には8年間、法を犯さず、経済的に自立して暮らした実績が必要だったのを、5年に短縮した。それどころか模範的な外国人は、3年でドイツ国籍が得られる。

この新しい市民権法は2024年1月に可決され、すでに6月26日より施行されている。その結果、帰化の申請が爆発的に増え、翌月には20万件を超えた。申請者は多い順に、シリア人、イラク人、トルコ人。また、イラン人、アフガニスタン人も多いといい、どれもイスラム教の国だ。

なお、新しい法律では、全員、もとの国籍を所持したままでよいし、二重国籍どころか、何重国籍でも認められることになった。また、ドイツで生まれれば、親が合法的に暮らしている外国人であれば自動的にドイツ国籍を得られるので、その場合も子供は辞退しない限り二重国籍が得られる。ドイツには、あまりドイツ人らしくない風貌の、ドイツ語が得意でないドイツ人が結構いるが、今後はそれがさらに増えるだろう。

社民党や緑の党は、「難民→移民→帰化（ドイツ人）」というプロセスを迅速化し、選挙権を得たその人たちが自分たちに投票してくれると期待しているのかもしれない。しかし、このままいけば、出産数も、出産の回転率も高い元難民の人々の数が、生まれながらのドイツ人より多くなる日は遠くない。彼らが独自の候補者を立てれば、社民党も緑の党も吹き飛ぶかもしれない。

日本には、難民受け入れをもっと進めろと主張する人がいるが、全くもって周回遅れだ。そもそも、日本に飛行機でやってくる人が真の難民であるはずはなく、本当の難民は故郷を離れられずに困窮している。それも考えずに人道を叫び、今さらEUの拒否した難民の受け皿にされては大変なことになる。外国人が多くなりすぎると、治安は不安定になり、文化や伝統が崩れ、国家は最終的に原型をとどめなくなる。それはすでにEUが十分に証明してくれている。

本当に難民を助けたいなら、イエメンやソマリア、スーダンで子供を抱え、餓死しそうになっている人たちを、国連の組織を通して直接受け入れた方が良い。難民や移民の受け入れに慎重であることは、外国人迫害や差別とは関係がない。日本人が、自分の国を大切に思っているかどうかの問題である。

典型的なお役所仕事

さて、では、難民ではち切れそうになっているドイツでは、政府はどのような対策を講じているのか。ひと言で言うならほとんど何もしていない。AfDの議員や、独立系メディアのジャーナリストたちが、何年も前から警告していたナイフでの犯罪の増加に対してさえ、政府は見て見ぬ振りをしてきた。

2024年6月、マンハイムという町で、若い警官がアフガニスタンの移民に刺し殺されるという事件があった。この移民は、11年前、14歳で兄と共にドイツに来て、正式な難民とは認められなかったが、未成年なのでそのまま留まったという。その後、19歳でドイツ国籍を持った女性と結婚し、2人の子供をもうけた。そこで初めて、ドイツ国籍の子供の父親という理由で、正式な滞在許可を得た。

さらに言えば、このアフガニスタン人は、テコンドーで国際大会にも出場するような格闘家だったという。そして、その彼がマンハイムで、欧州のイスラム化の阻止を掲げていた右翼の活動家を襲い、そこに駆けつけた警官の頭と首を一突きにした。この事件は国民の間に大きな波紋を呼び、政府はようやく少し動かなければならなくなった。

ただ、その後、内務省が発表した対策とは、ナイフの携行を禁止する区域を増やすことだった。これまでも、ベルリンなど、特に治安の悪い都市では、金曜日の夜から日曜の朝まで、駅など一定の場所と一定の鉄道区間で、危険物の携行を禁止するという決まりが、あったにはあった。

危険物というのはナイフやピストルだけではなく、ドライバーやカッターなど、武器になり得るものも含まれるといい、つまり今回、その禁止地域を増やしたわけだ。また、そこで許可されるナイフの刃渡りも、これまでの8センチだったのを6センチにし、さらに、台所用の包丁などを買った人は、封印したら家まで運ぶことが許される。

この典型的なお役所仕事には、皆が呆れ返った。問題は、ナイフではなく、それを持つ人間なのに、それにはほとんど触れていない。それにしても役人は、犯罪者がこんな規則を読んで、ちゃんと守るとでも思っているのだろうか。

現在のドイツ政府は、社民党と緑の党が、基本的に難民は全て受け入れるという方針にこだわっており、ドイツの国境ははっきり言って隙間だらけだ。2023年8月だけで1・5万人が、オーストリアやチェコの国境から陸路で違法に侵入している。難民の出身地は、主にアフガニスタン、シリア、イラク。

2023年は、8月までに提出された難民申請の数が22万1116件で、前年比66%増。難民として認められる確率は今のところほぼ半々だそうだが、それでも皆がドイツで難民申請したがる理由は、審査に非常に時間がかかるため、すぐに追い返される心配がないこと。しかも、その審査中にも潤沢なお金が支給されるからだと言われる。

さらに、ドイツの場合、結局は難民として認められなかった人たちも、大抵そのまま滞在し続けることができる。なぜ、難民資格がないのにドイツでの仮の滞在を許可されているかというと、さまざまな理由がある。難民がパスポートを持たず母国が特定できないとか、母国がそもそも引き取らないというケースも多い。

ただ、一番の理由は、社民党と緑の党が、もともと、難民資格のない人の母国送還の厳格な遂行に、一貫して反対してきたからだろう。なぜなら、人権が保障されていない国に、例えば、強盗殺人を犯した人間を送り返したら、死刑になってしまうかもしれない。死刑は非人道の最たるものであり、法治国家ドイツは、そんなところに人を送り込んではいけないというのが、彼らの〝正論〟だ。さらに社民党は23年の党大会で、地中海での難民救助の支援を続けることも決めた。

ただ、実際問題として、世界は人権が完全に守られていない国だらけだ。だから、ドイツ政府の理屈でいけば、世界中の多くの住民が、ドイツに庇護《ひご》を求める何らかの理由を見つけられる。

今では、同性愛のせいで迫害されているイスラム教の国の人はもちろん、先進国の排出したCO_2のおかげで島が沈み、家に住めなくなったと主張するフィジー群島の住民さえも、皆、庇護の対象になりつつある。

正式な難民が増えれば次に問題になるのが、難民の「家族の呼び寄せ」だ。2015年と2016年にやってきた120万人以上の中東難民の家族の呼び寄せが2019年から始まっている。しかも、最初、年間1000人に制限されるはずだったそれが、なぜかどんどん増え、家族ビザの発行数が、2022年は11・7万件、23年は12万4625件に達した。

ドイツの法律では、なんびとも家族と共に暮らす権利を有し、それはたとえ不法難民でも同じであるというのが社民党や緑の党の論理だ。社民党の先の党大会では、暫定的に滞在を容認されている人たちにも、家族の呼び寄せを認めるべきだということが主張された。

ただ、中東の人たちは子だくさんなので、妻と子供が来れば、難民の数はあっという間に5倍ぐらいに膨らむ。しかも、面倒なことに、妻が2人いる場合もあり、ドイツ政府はそれをどうするかで窮しているが、目下のところ2人とも入れているという（ドイツは一夫一婦制で、重婚は犯罪）。

また、退去しなければならないのに留まっている人の数が、今や累計で330万人に迫る。極度の人手不足の折り、これが労働力に回ればいいが、なかなかそうはいかない。多くは社会福祉にぶら下がっているのが現実である。

要するに、現在の左派政権は、これら治安の悪化を無視し、無制限に難民希望者に門戸を開いたまま、それが人道だと胸を張っている。日本は、これを他山の石とすべきだ。

2 「移民・難民先進国」の悪夢のような日常風景

中東難民にウクライナ避難民が加わりパンク寸前に

現在のドイツでは、ことほどさようにホームメイドの問題が多いが、中でも最たるものが「市民金＝Bürgergeld」だろう。これは、社民党が政権に就いた途端、熱心に導入した社会保障制度で、貧しい人なら、申請すれば誰でもほぼ漏れなく受けられる。

貧乏の原因はさまざまで、病弱だとか、あるいは親の介護などで働けずに貧乏になってしまった人もいれば、働けるけれど働かずに貧乏になった人もいる。後者のケースは低賃金所得者が多く、しかも、たとえ働いても、その稼ぎが「市民金」とほとんど差がないから、働く気をなくす。これは、その人が怠け者というより、そもそも制度が悪い。福祉というのは優れた互助組織ではあるけれど、生活保護に関しては、働かずにもらえる手当と、働いて得られる賃金に明らかな差がなければ、絶対に機能しない。

しかし、社民党のフーバートゥス・ハイル労働相は、この市民金を「過去20年で最大の社会改革」と自画自賛。市民金は「人々を持続的に労働市場に連れ戻すことができる」と主張したが、実際にはそうはいかなかった。24年5月には、労働が可能であるにもかかわらず市民金を受領している人の数が400万人を超えてしまったのだ（後で詳述）。

さらに一番の失敗は、ウクライナからの避難民が市民金受領の対象者になっていること。ウクライナ人はほかの難民とは違い、難民申請をする必要はなく、ドイツに入国すれば自動的に、期限付きとはいえ、正式な滞在許可をもらえる。つまり準市民として、市民金を受ける権利がある。

その結果、現在、ドイツに避難している120万人のウクライナ人のうち、働いているのは4人に1人で、後の3人は働かずに市民金を受領し、その家賃も公金から支払われている。ちなみに、ほかの国に避難したウクライナ人の就業率は、ドイツとは比較にならないほど高いという。戦争勃発《ぼっぱつ》後、ウクライナを後にした400万人の避難民のうち、120万人がドイツにいる理由は、誰にでもわかるだろう。

その上、120万人のウクライナ避難民のうちの20万人が、労働可能どころか、戦闘可能な男子だというから、ドイツ人の寛大さは世界に誇れる。

なお、ウクライナ人のビザは、当初1年の期限付きだったが、戦争は終わらず延長されているので、いずれ多くが長期、あるいは無期限ビザに切り替わっていくだろう。普通なら、ドイツの無期限ビザなどそう簡単に取れないから、移住したいウクライナ人にとっては無二のチャンスだ。ドイツ人は、彼らが労働力になってくれることを心待ちにしている。

都市部の行政は難民でカオス状態

一方、ドイツの市町村は、強制的に割り当てられる大量の難民の庇護で大変なことになっている。受け入れは拒否できず、住居が足りない、職員が足りない、託児所が足りない、教師が足りない、もちろん、お金も足りないと、今や、ありとあらゆるところが破綻《はたん》しつつある。

特に住居は不足しており、使っていない工場や倉庫を改造したり、郊外の空き地に急拵《ごしら》えのプレハブを建てたりしてもまだ足りず、役場や、学校の体育館など、とにかく並べられるところには隈なくベッドを並べているが、追いつかない自治体も多い。

そうでなくてもドイツは恒久的な住宅不足で、手頃な値段の住居を見つけることが難しいというのに、今や自治体は大量の難民の住居の確保に必死で、住民はほったらかし。ベルリンでは2023年7月、128戸の集合住宅の棟上げ式が行われたが、これが全戸、難民用になるとわかり、市民は怒った。

また、最近では、ベルリンやバーデン＝ヴュルテンベルク州では、老人ホームの老人が追い出されて難民施設になったとか、ノルトライン＝ヴェストファーレン州の4つ星ホテルが、アフガニスタンとシリア人の難民宿舎になったとか、信じられないような話まで伝わってくる。

実際問題として、不動産の持ち主は、物件を老人ホームの事業者に貸すよりも、自治体に貸す方が儲かる。また、ホテル経営者も同様で、自治体に丸ごと貸し出せば確実に賃料が入る上、難民一人当たり一定の金額が支給される。

例えば前述の4つ星ホテルでも、難民の世話は自治体の職員が全て仕切ってくれるので、もはや経営努力もいらない。厨房や清掃の従業員はそのまま残って、難民のために働いているそうだ。ただ、ホテルの入り口にあった女性の裸体の彫像だけは、難民を刺激しないように取り外されたとか。

もっとも、難民が皆、４つ星ホテルや新築の難民住宅に住んでいるわけではなく、粗悪な住居しか提供できない自治体では、若い男性の難民が、仕切りをつくった体育館や、昔の兵舎などにぎゅうぎゅう詰めにされていたりもする。こんなはずではなかったと、極度の欲求不満に陥っているケースも多いらしい。難民申請中は働くことはできないが、自由には出歩けるので、あちこちに出没し、それが近隣の住人とのトラブルを引き起こす。

２０２１年と２０２２年の夏には、ベルリンの公共プールでも何度も暴力沙汰があり、２０２３年は警備の強化が発表された。今ではドイツの首都では、身分証明書がなくては入れなくなったプールもある。

まじめに暮らしている外国人はいたたまれない

治安悪化に怒った国民に対し、さすがの政府も、外国人犯罪の実態を隠すことはできなくなった。そこで、政府は国民を宥《なだ》めるため、選挙対策も兼ねて、突然、手のひらを返したように「違法行為は許せない！」などと声を挙げ始めた。ただし、〝外国人の〟違法行為とは言わないところがドイツらしい。

そもそもドイツが求めているのは、技能を持ち、意思疎通ができ、労働力となる移民であって、不法難民が帰らずに居着いてしまった結果の移民ではないはずなのに、政府は違法行為や暴力に手を染める外国人と、そうでない外国人を区別しようとさえしない。実際問題として、現在、技術者や熟練労働者として働いている外国人は、ドイツの国境を越える前に労働ビザ、及び滞在ビザを取得しており、不法入国をする必要などない。留学生も同じだ。言い換えれば、不法入国者が技術者や熟練労働者となる確率はかなり低いだろう。

日本では人口減少による労働人口不足を補うためとして、なし崩し的に移民受け入れを正当化する議論がまかり通っているが、移民を入れて喜ぶのは当の移民と、賃金を下げられる経営者だけで、大多数の国民は経済的に恩恵を受けることもあまりない。また、当然のことながら、不法滞在者が増えれば増えるほど、本当に庇護を必要としている難民の受け入れが妨《さまた》げられる。

現在、ドイツにいる1200万人の外国人のうち、犯罪者は61万2000人（2022年）だから、1140万人近い外国人は真面目に暮らしているわけだ。例えば、トルコ人は移民の歴史も長く、すでにドイツ国籍を取っているトルコ系移民も含めれば、その数は30

0万人近い。しかし犯罪率は、シリア、アフガニスタン、北アフリカの人たちと比べると圧倒的に少ない。つまり、一緒くたにされて迷惑しているのは彼らのほうなのだ。

なお、私もドイツでは外国人の一員だが、もし、同じアジア人の顔をした犯罪者が増え、ドイツ人がアジア人全般を排斥するようになれば、おそらく居た堪《たま》れなくなるだろうから、〝そのほかの外国人〟の気持ちはよくわかる。

人道、人道とキレイゴトを言う前に、まじめな外国人と犯罪者を区別するのが先決だ。そういう意味では、川口市などのおかげで、日本人の目に移民・難民問題が顕在化したことはもっけの幸いだったかもしれない。そう、今ならまだ間に合う。難民問題に向き合うには、観念や思想を捨て、国民の幸福と、真の意味での難民救済の方法を第一に考えるべきだ。

3 「福祉国家」の恩恵を受けるのは移民ばかり

どこが「福祉国家の実現」なのか

2021年12月、社民党・緑の党・自由民主党の3党連立で現政権が成立して以来、メルケル時代に始まっていた政治の左傾化がさらに急速に進行中だ。社会主義化が進むとどうなるかということは、近い過去に東ドイツが証明してくれている。簡単に言えば、自由がなくなり、産業が衰退するのだが、それが今のドイツで進んでいるわけだ。

実は、2023年のドイツの税収は、連邦と州を合わせて史上最高だった。しかし、違う目的のためであったお金を違法に予算に組み込んでいたことを最高裁に咎《とが》められたり、また、後述するように、エネルギー政策や難民政策の失敗、無意味な気候政策へのバラマキなどで、底なしにお金が掛かったりで、政府は完全な金欠状態。2024年5月になっても、次期予算も組めないでいた。

そもそも、この政府が2年半の間に行った政策で、ドイツ国家とドイツ国民の利益に資するものはほとんど見当たらない。与党の一角にいる自由民主党が提案する産業振興案は、緑の党の産業破壊政策にことごとく潰され、結局、決まったのは、原発の停止や、ガソリン車を廃止していくこと、大麻の一部合法化、未成年でさえ簡単に性別を変えられることになる「自己決定法」の制定（第2章参照）など、国民の支持をほとんど、あるいは全く得られていない政策ばかりだった。

しかも、政府はどんなに金欠でも、特定な場所へのバラマキだけはやめる気がなかった。そこにウクライナへの膨大な支援まで加わったため、労働者からさらに多くのお金を搾《しぼ》り取らなければならない。ドイツ国民の税、及び社会保険料の負担はすでに世界で一、二を争うレベルだ。

2023年から始まった「Bürgergeld＝市民金」についてはすでに記したが、これもバラマキの一つだ。支給開始は、まさにドイツの不景気とぶつかったが、市民金の父、ハイル労働相の「福祉の切り捨てはならない」という理念のほうが勝ち、2024年1月から支給額がさらに12％も増額された。外国人でも滞在許可があれば受領でき、ハイル氏によれば「福祉国家の実現」。従来の生活保護である「ハルツⅣ」（求職者基礎保障制度）では、働ける人は働くことが条件だったし、援助を受けられるのは、自分の財産をほぼ使い切ってからだった。

ところが、新しい市民金では、4万ユーロ（現行レートで約670万円）までなら自分の財産（貯蓄や不動産）があっても申請が可能だ（2年目からは1万5000ユーロ＝約252万円までになる）。

さらに決定的なのは、受給者の家賃が全額補助されること。しかも1年目は、すぐに安い物件を見つけるのは難しいという理由で、家賃の上限制限なしだ。2年目からは上限ができるが、安い家賃の家に引っ越す場合、引っ越しの経費や新しい家具などの購入にも補助が出るという。

ただでさえ難民の急増で、ドイツの各都市では住宅不足のため家賃が急騰しており、普通の労働者は、自分たちの賃金で支払える住居がなくて困っているのに、市民金受給者の家賃は血税で支払われ、また、申請すれば必ず支払われるため、不動産会社が家賃をさらに吊り上げるという現象まで起こっているという。

また、光熱費、暖房費、テレビの受信料なども全額補助で、子供の託児所料金も出る（義務教育の学費はドイツではもともと無料)。自治体によっては、地域内の公共交通機関の無料パスももらえるし、ドイツ語の講習や、職業訓練なども提供される。

なお、ドイツは子供手当が高額なので(2024年現在、子供一人当たり1カ月250ユーロ=約4万円)、子だくさんの受領者なら、それこそ薄給の独身者はもちろん、年金生活者よりも収入が多くなっても不思議ではない。

人を堕落させる破格の高待遇の根拠は「人間の尊厳」

この高待遇の市民金の論理的根拠は何かというと、ドイツ基本法(憲法に相当)の第1条第1項に記されている、「人間の尊厳は侵されることがあってはならない。これを尊重し、保護することが、全ての国家権力の義務である」という項だ。「人間の尊厳」は基本的人権の一つで、昨今では介護の現場などでよく使われる表現だ。

ハイル労働相は生粋の社会主義者で、絶えず人類の〝平等〟への配慮を怠らず、しかも、左派の政治家の例に漏れず、税金をバラ撒くのが得意だ。氏の考えでは、基本法第1条第1項の言わんとしていることは、人間は生まれたその日から、凍《こご》えたり、飢えたりせず、ちゃんと屋根のあるところで寝て、さらには、社会から弾き出されることのない人間らしい生活を送る権利があるということだ。

しかも、人間の尊厳は、何かの条件をクリアすればもらえるのではなく、人間が生まれながらにして持っている権利なので、働く能力があるかとか、働く気があるかということとは無関係に、国家はすべての国民にそれを保証する義務がある。

それにしても、働ける人でも、働きたくなければ受けられるという補助をつくるのが、本当に正しい政治なのか？　当初、これでは国家の負担が大きくなりすぎるということで、法案は連邦参議院で否決された。ところが、ハイル労働相は諦めず、いくつかの修正を加えて強引に突き進んだ結果、法案は通った。

市民金受給者の3分の2が移民

さて、その結果、今、何が起こっているかというと、働かない人が増えた。

ジョブセンター（日本でいうハローワーク）の発表によれば、2023年12月、市民金受給者の72％が、健康で働く能力があるのに働いていないという。働けるのにジョブセンターの斡旋する就職を断り続けると、補助は10％カットになるが、それぐらいの制裁では働くモチベーションはまだ湧かない。それもそのはず、低賃金なら、賃金と市民金の額に、ほとんど差がないからだ。しかし、その財源を支える一般の労働者は、給料から通勤の運賃やガソリン代を払い（交通費の補助はないか、あっても少額のケースが多い）、身だしなみも整えなければならない。就労による満足感とストレスの度合いは個人差があるだろうが、共通しているのは自由時間が少ないこと。

その点、市民金の受給者は時間がたっぷりあり、当然、闇アルバイトも盛んだ。家のリノベーションや庭仕事、清掃など、暇そうにしている人に頼めば、消費税も、社会保障費もかからず、正式の値段の半分ぐらいで済むから、いわばウィン・ウィンとなる。もちろん、違法であるが、警察は、このような些少な犯罪の摘発にはとても手が回らず、多くは見逃されている。

本来、社会保障というのは、病気やほかの事情で働けない人が路頭に迷うことがないよう、皆で助け合う理想的なシステムだ。しかし、そのための絶対条件は、働いている人の賃金と、働かずに受ける補助の間に、明確な開きがあること。そうでなければ、いくら就労に精神的、倫理的な意味をくっつけようが、当然、「働かない」という選択をする人が多くなる。現在の状態がまさにそれだ。

大手ニュース週刊誌「シュピーゲル」は、2024年4月11日付の記事でその実態を取り上げ、タイトルは「フーバートゥス・ハイル、我らの労働妨害大臣」。サブタイトルが「否定しても無駄：研究結果は市民金が労働市場にとっていかに有害であるかを示している」。

調査会社「Statista」によると、2024年3月までに市民金を受けた人の内訳は、労働が可能な人が400万人で、不可能な人が150万人。合計すると550万人で、これはドイツの全人口の6・5%に上る。また、連邦雇用庁の発表した2023年9月のデータでは、市民金受給者の3分の2が移民の背景のある人たちで、中でもダントツがウクライナ人。次に多いのがシリア難民で、97・2万人のうち50・1万人が市民金で生活しているという。それを負担しているのが、大して裕福でもない納税者である。

このままでは経済が「東ドイツ」化する

テレビのトークショーに出ていた市民金受給者が、もっと良い生活を送れるよう、市民金を少なくとも800ユーロに引き上げろと主張していたのには、かなり戸惑った。どう見ても助け合いの精神を逸脱している。子供を育てながらフルタイムで働き、税金を納めている人たちを何だと思っているのか。

ドイツは現在、不況で、失業者は確実に増えているというのに、教師から、熟練労働者、介護士、レストランのコック、郵便配達人まで、ありとあらゆるところで人手不足が解消されない。多くの病院では、現場の看護師の負担がどんどん増え、それが原因で離職してしまうという悪循環が定着している。

こういうことは「まずい」と気づいた時には、たいていすでに手遅れだ。このままでは国富はどんどん減り、本当に東ドイツのようになってしまう。将来、この行き過ぎた福祉の尻拭《ぬぐ》いをさせられるのは間違いなく今の若者なのに、メディアが彼らの目を覚させないような報道ばかりしているのが、全くもって解せない。

なお、実際に難民を引き受けている州や自治体はとっくの昔に悲鳴をあげているが、政府は口では「国境検査の厳格化」とか、「不法滞在者の強制送還」などと言いつつ、解決策は手付かずだ。それどころか、「人手不足の折、われわれは技術者や熟練労働者が必要だ」として寛大な受け入れを正当化しているというのが実態である。

4　ドイツが「イスラム国家」になる日

ドイツの法律よりもイスラムの聖典を重視

社民党政府が移民・難民による治安回復のために、どんな解決策を挙げているかというと、なぜか移民の統合政策の改善の話ばかりだ。ただ、統合は口で言うほど容易ではない。特に宗教が絡むと難しい。

外国人の中にはドイツに対して悪意を抱く人も多く、特にイスラム教徒は、悪気はないのかもしれないが、ドイツの法律よりもイスラムの聖典を重視しているケースが少なくない。本来なら、ドイツの法に従う気のない人たちには滞在許可を出してはいけない。

また、罪を犯した者には、即刻、出ていってもらうことが筋だ。ちなみに、強制送還実施のためには、二重国籍はかえって都合が良い。ドイツ国籍だけを持つドイツ人を追放することは不可能だが、多重国籍者からはドイツ国籍の剥奪《はくだつ》が可能だ。

ドイツ人には今なおホロコーストのトラウマがあり、政治家も、外国人に対して何か要求すると厄災が降ってくるかもしれないと考えるため、「触らぬ神に祟《たた》りなし」で、何十年もの間、外国人にはしたい放題をさせてきた。

そのせいか、今ではドイツ全土に２８００の回教徒の祈禱《きとう》のための集会所があり、その中の約３００は尖塔を備えた立派な回教寺院で、そこで、アラブの国から派遣されてきたイマーム（指導者）が熱い説教をしている（「Ｓｔａｔｉｓｔａ」による調査）。

「イスラム帝国樹立」が叫ばれる異様さ

特に現在、彼らは、ドイツがイスラエルを無条件で支援していることに大きな不満を持っており、パレスチナ支援活動が激化している。２０２４年5月3日、ガザ攻撃停止を求めて行われたはずのハンブルクのデモでは、そのタガが外れ、数千人がドイツにおける「イスラム帝国樹立」を熱狂的に叫び始めたため、ドイツ人は驚愕《きょうがく》した。

これは、ドイツの国体の崩壊を目指す主張だ。当然、なぜ、このようなデモを認めたのかと、政府に対する批判の声が高まった。

ただ、禁止したらしたで、彼らの怒りはさらにエスカレートし、イスラムテロなどにつながりかねず、政府も無闇に手をつけられない。こんなことになったのも、ドイツが50年もかかって、膨大な数のイスラム教徒を受け入れ、彼らの持ち込んだ思想は見て見ぬ振りをしてきた結果だ。今やドイツはユダヤ人にとっても危険な国になってしまった。

それどころか、今後、事態が緊迫し、究極の選択を迫られれば、これまで平和に暮らしてきたアラブ人やトルコ人、そしてその3世や4世も、心がイスラムに傾いていくかもしれない。帰属意識というものは結構強固で、それほど簡単に変わるものではないからだ。そうなると、ドイツ人のジレンマはますます大きくなるだろう。

移民が「ヨーロッパのイスラム化」に反対する集会を襲撃

2024年5月15日の土曜日には、ベルリンでやはりイスラムデモがあり、さらにエスカレートした。当初は、ガザ地区の重篤な被害に憤慨した在独アラブ系の人たちが、イスラエルに抗議するために起こした合法的なデモだったが、デモ隊（警察発表では3500人が参加）が暴徒化して警官隊と衝突。あっという間にユダヤ排斥を叫ぶ暴動となった。パレスチナの旗を掲げ、熱狂的に反イスラエル・反ユダヤを叫ぶアラブ系の人々の姿をニュースで見ながら、私は２００５年当時の中国の反日暴動を思い出した。いずれにしても、ドイツでは、これまでにない、誰もが予想もしなかった事態が進行していた。

この日は最終的に93人の警官が負傷、60人が逮捕された。ドイツ人は、自国にこれほど多くの過激なアラブ人が潜んでいたことに驚きを隠せなかった。

さらに翌16日には、約１０００人が４００台の車に分乗し、ベルリン市内を隊列を組んでクラクションを鳴らしながら走り、そのほかの都市でも、イスラエルの国旗が焼かれたり、シナゴーグ（ユダヤ教会）やユダヤ関連の記念碑が毀損《きそん》されたりと、ユダヤ攻撃が相次いだ。

いうまでもなく、ホロコーストを〝絶対悪〟と定めるドイツでは、イスラエルには常に気を遣い、ユダヤに関する非難めいた発言は、それが差別であろうがなかろうが許されない。それどころか、反ユダヤ主義的言動は刑法に触れる。ホロコーストは絶対に忘れてはならず、近年は、政治家が「記憶の文化」などという新造語までつくり、国民の贖罪《しょくざい》意識の風化を防ごうとしてきた。

新たな反ユダヤ主義が持ち込まれている

そんな国で、あたかも75年の空白を破るかのように、突然、反ユダヤのプラカードが掲げられ、ユダヤ冒瀆《ぼうとく》のシュプレヒコールが響きわたったのだから、その衝撃は大きかった。当然のことながら、国中で一気にユダヤ議論に火がつき、まさにパンドラの箱のふたが開いたかのようだった。

論点は複合的だ。最初の疑問は、デモで反ユダヤを叫んでいるアラブ系の人たちはいったい誰なのかということ。

アラブ人（イスラム教徒）とユダヤ人（ユダヤ教徒）は骨肉相食む仲だが、ドイツにはそのイスラム教徒が多く暮らす。例えば1970年代に労働移民として入ったトルコ人や、内戦から逃れてきたレバノン人。その数は膨大ではあるが、しかし、彼らの多くはすでにドイツ国籍を取得し、今や4世が育つ。もちろん、2世以上は皆、ドイツで教育を受け、社会に根付いているため、今回の暴動の主役ではあり得ない。それどころか、彼らなしではもはやドイツ社会はまともに機能しないと言ってもよいほどだ。

ところが、移民の中には、都会の一角に独自の生活を送る並行社会を形成し、全くドイツ社会に溶け込まない人たちもいた。

ドイツ人にはホロコーストの強いトラウマがあり、特に政治家は今でも、外国人に対して何らかの要請を行うことにひどく消極的だ。そのためドイツ政府は、何十年ものあいだドイツが移民受け入れ国であるということを認めず、外国人租界のようになった一角が犯罪の温床、あるいは、イスラム過激派の根城となっていっても目をつむった。反ユダヤ主義がそういう場所でしっかりと温存され続け、今の反ユダヤ主義の暴発につながっている可能性は確かにある。

それに加えてドイツには、2015年と2016年に受け入れた膨大な数の中東難民がいる。彼らが「ユダヤ憎悪」というアラブの常識を、おそらく無意識のまま、ドイツに持ち込んだことは疑いの余地がない。

当時、無制限受け入れを積極的に進めたメルケル首相本人が2018年、イスラエルのテレビ放送のインタビューで、こう語っている。

「私たちは、難民、およびアラブ系の人々を受け入れたことで、新しい現象に直面しています。それは、新しい形の反ユダヤ主義が、再び国内に持ち込まれたということです」

反ユダヤ主義の膨張の責任はメルケルとメディア

実際問題として、以来、ユダヤ人に対する嫌がらせや襲撃が急増し、それが頻繁に報じられるようになった。

ユダヤ人中央評議会のドイツ支部代表であるシャルロッテ・クノブロッホ氏は、ミュンヘンの日刊紙「Ｍｅｒｋｕｒ」のインタビュー（6月1日付）で、「反ユダヤ主義がこのような形で再燃するとは思ってもみなかった」と語り、このままではユダヤ系の人々がドイツでの将来の生活に対する信頼を失うことを警告した。実際、子育て中の若い家族の間で、イスラエルへの移住を考えたり、あるいは、すでに踏み切ったりするケースが増えているという。

ちなみに、１９３２年生まれのクノブロッホ氏はナチ時代の生き証人でもある。

これらの状況を総合すると、今回の暴力的なデモは、イスラム原理主義の拡大を目指す過激な組織が、中東紛争を利用し、さまざまなアラブ系の若者たちを引き込み、もともと、彼らの中に潜んでいた反ユダヤ感情を暴発させたものだという仮説も成り立つ。そうだとすると、その責任の一端は、長年、有効な移民政策を実行しなかったドイツ政府や、難民を無制限に入れたメルケル首相、それを支持した左派勢力やメディアにもあるのではないかということになる。

ドイツ人の心に潜む反ユダヤ主義

それに加えて、今回の暴動は単にアラブ系の人たちだけの問題ではなく、実はドイツ国民の間にも、今なお根強い反ユダヤ主義が潜在しているのではないかという疑惑も生んだ。これが事実だとすると、75年間、自分たちは反ユダヤ主義の撲滅に励んできたと信じていたドイツ人にとっては、極めてショッキングな事態だ。また一方、その思考は、自分たちが戦後、「イスラエル絶対主義」を国是として掲げ、パレスチナ人の言い分を「反ユダヤ主義」として弾劾《だんがい》してきたのは、果たして正しかったのかという疑問にまで発展していった。

そんな折、「Ｄｉｅ Ｗｅｌｔ」紙のオンライン版に、次のような記事があったのを思い出した。ユダヤ人の経済モラルについて、ドイツ人が偏見を持っているかどうかというテーマで、ドイツ人経済学者2人が行った調査結果だ。

調査は単純で、124人の被験者に次のような文章を示し、そのモラル度を問う。

「XYは1974年にミュンヘン生まれで、現在45歳。ミュンヘンのIT企業で中間管理職の一員として働く。叔母から5万ユーロの遺産を受け継ぎ、それを子供たちの学費として活用するため、ドイツと米国の企業の株に投資した。株の選択は、自動車、薬品、鉱物資源を扱う企業に重点を置いた。今後、大きな市場の動きに対応するため、株の動きをスマホでフォローするつもりだ」

というものだ。

何の変哲もない内容だが、ミソはXYの名前のところで、半分はユダヤ風の名前とし、残りの半分は典型的なドイツ風の名前とした。

その結果、ユダヤ風の名前に対しては、これはモラルを問われるべき行為、あるいは、非常にモラルを問われるべき行為であるという答えが34・8%、ドイツ風の名前の場合は14・8%と、差が出た。

調査の精度を高めるため、ユダヤの名前の代わりに、英国やイタリアの名前を入れると、結果はドイツの名前と差がなかったという。

つまり、被験者はユダヤの名前に反応した可能性が高い。類似の研究は英国などでも行われており、やはり同様の結果だったという。

これをドイツ人のユダヤ人に対する偏見と解釈すべきかどうかはさておくとして、ただ、考えられるのは、ドイツ人の間では、たとえユダヤに対する偏見や反ユダヤの感情があったとしても、本人が一切気づいていないかもしれないということだ。あるいは、気づいていても、理性で閾下《いきか》に押し込めている可能性もあった。

ユダヤ問題も難民問題も自由に語れないのが元凶

ドイツ人は75年間、政治的にイスラエル擁護を貫いてきたし、その教育も徹底していた。だから現在も、アラブ系の人たちの暴発を見て、多くの人が心を痛め、イスラエル支援を掲げて立ち上がっている。

ただ一方で、今やドイツ人の感情の中には、いわゆるパレスチナ難民の運命への同情も根強くあり、それどころか、軍事的に優位なイスラエルに対する反発さえ潜んでいるようにも見える。つまり、イスラエルもパレスチナも多くの側面があるだけに、極めて複雑なのだ。

ただ、今のドイツでは、ユダヤ問題はもとより、難民問題もなかなか自由には語れない。前者はいまだに政治的にタブーだし、後者に言及すると、すぐさま極右や国家主義者のレッテルを貼られる。しかも、ドイツ政府の中では今、反ユダヤ主義の台頭を封じ込めるため、罰則の強化を図ろうという動きさえ出ている。

せっかく75年もかけて築いてきた人道国家の評判を落としてはならぬと焦っているのはよく分かるが、罰則があれば、自由な議論までがこれまで以上に妨《さまた》げられるのではないか。

本来ならこの問題の解決には、まずは新入りのアラブ系の人たちに、ドイツでは反ユダヤ主義は許されないことを啓蒙し、さらには、国民全員に、過去の歴史やホロコーストなど、検証さえもタブーであった事柄についてのオープンな議論の場を設けることのほうが先決のような気がする。

第2章

異常な「極右」排除が突き進む「全体主義」

１　なぜ「極右」と「極左」に人気が集中しているのか

欧州議会総選挙で「極右」が大躍進した理由

２０２４年６月、ＥＵの欧州議会の５年に一度の総選挙が実施された。

欧州議会では、同じような考えの党が集まって政治会派を組んでいるが、今回は事前から保守会派の伸びが予想されており、結果として、その通りになった。しかも、極右・国家主義の会派として問題視されているＩＤ（アイデンティティと民主主義）や、ＥＵ懐疑派であるＥＤＲ（欧州保守改革グループ）が票を伸ばした。

ＩＤには、フランスのマリーヌ・ル・ペン氏の党である「国民連合（ＲＮ）」や、イタリアのメローニ首相の党「イタリアの同胞（ＦｄＩ）」や、やはりイタリアのマッテオ・サルヴィーニ氏の「同盟（Ｌｅｇａ《レーガ》）」、オランダのヘルト・ウィルダース氏の「自由党（ＰＶＶ）」、オーストリアの「自由党（ＦＰÖ）」など、中道保守や左派、メディアが日頃から極右として忌避《きひ》している党が、軒並み所属している。

これまでは、ドイツの「ＡｆＤ（ドイツのための選択肢）」もＩＤ会派に属していたが、現在、意見の違いなどもあり、袂《たもと》を分かっている。だから、今のＡｆＤはひとまず無所属だ。

この欧州議会選挙の後、フランスでは、ル・ペン氏の国民連合に大敗したエマニュエル・マクロン大統領が、まだ最終選挙結果が出てもいないうちに、早々と解散総選挙に舵を切った（それについては後述）。

ドイツメディアはマクロン氏のこのアクションを、「前方への敗退」などとクールに評していたが、そもそも解散総選挙をしなければならないのはドイツのオラフ・ショルツ首相（社民党）の方だった。ドイツ社民党はすでに前回２０１９年の欧州議会選挙で支持率を11・5％ポイントも減らし、16％を切っていたが、今回は14％にも届かなかった。ちなみに、それから3カ月経った9月の調査では15％で、下降する気配だ。

欧州議会選挙で、ドイツ社民党の筆頭候補だったのはカタリーナ・バーリー氏で、率直に言って何の存在感もない政治家だが、開票後、自党の惨敗に驚いたらしく、「選挙前の素晴らしい雰囲気と、選挙結果があまりにも違う」と戸惑っていた。普段から、ファンクラブのようなお仕着せ政治集会をやっていたため、井の中の蛙《かわず》になってしまったのだろう。挙句の果てに、「ベルリンからの応援がなかった」と、負けはショルツ首相のせい。確かに直近のアンケートでは、国民の8割近くが「ショルツ首相の仕事ぶりに不満足」という結果が出ており、首相の応援がかえってお荷物となった可能性はある。

若者に見放された緑の党

また、緑の党も壊滅的に票を減らした。同党は、前回2019年の欧州議会選挙では20・5%の高得票を記録したが、今回はほぼ半減で11・9%。また、もともと支持率が低かったもう一つの与党である自由民主党は、選挙後、その低いレベルをさらに低下させ、8月末現在、4~5%。このままでは、来年の総選挙で5%条項をクリアできず、国会から退場となる可能性が高い。

つまり、ドイツでは現在、国民に全く支持されていない3政党が団子になって国政を司っているわけだ。ただ、ドイツの憲法は、議会の解散に多くのハードルを設けているし、そもそも今、選挙をしたら、3党とも討死するだろうから、よほどのことがない限り、この惨状が25年9月の次の総選挙まで続くだろう。思い返せば5年前、緑の党は、温暖化で地球が人間の住めない惑星になるというホラー的シナリオを拡散。多くの素直なドイツ国民はそれを信じ、人類の最重要課題は温暖化を止めることだと張り切った。その結果、子供たちは金曜日に学校をサボり、気候保護を叫んでデモ（＝Fridays for future）に明け暮れたが、それを主導し、鼓舞していたのが緑の党だった。

当時、緑の党は、これら若い人たちが選挙権を持てば、皆、自分たちに投票すると思ったらしく、参政年齢を下げるよう強く主張していた。そして、実際に、今回の欧州議会選挙では、ドイツでは16歳から選挙権が与えられた。ところが、実は若者たちの心はすでに緑の党から離れてしまったらしく、欧州議会選挙では皮肉なことに、ＡｆＤへの投票率は、年齢別で見た場合、16歳から24歳が一番高いという正反対の現象が起こった。

若者は夢見がちだが、バカではない。そして、夢から覚めるのも早い。若者を将来の自分たちの票田とみなし、せっせと耕していたつもりの緑の党にとってみれば、致命的な誤算だった。

若者たちはしっかりと見ていたのだ。緑の党の見果てぬ夢が、誤ったエネルギー政策で電気代を高騰させていることを。過激な脱炭素政策が産業を破壊し、行き過ぎた自然保護が農家を苦しめ、さらには政府が国民の私生活まで支配し始めていることを。増え過ぎた移民のせいで学校が崩壊してしまったことを。

その結果としての景気の減退、雇用の縮小、そして何より、治安の急速な悪化をいち早く感じたのが、若者たちだった。これから就職し、人生設計をしなければならない彼らが、これ以上、緑の党の夢に付き合えるはずもなく、踵《きびす》を返したのは当然のことだったかもしれない。

しかし、緑の党はそんな現実を尻目に、ウクライナ戦争が始まると従来の平和主義までかなぐり捨て、「国民がどう思っても構わない。我々は正しいことを断行する(ベアボック外相)」と、ウクライナへの武器の供与と対ロシア徹底抗戦を叫んだ。施政者が有権者の意思を無視するのは独裁政治だが、現在の施政者のトップには、それさえわかっていない人たちがいる。

大人気の「極左」ヴァーゲンクネヒト同盟と「極右」AfDの共通項

さて、では、2024年8月現在のドイツにおける政治地図はどうなっているか? それはすでにＡｆＤ抜きには語れない。

ＡｆＤは、２０１３年の結党当時からさまざまな批判を浴び続けてきたが、最近はそれが、与野党、ＮＧＯ、さらには官庁や司法まで巻き込んで、抑圧どころか、弾圧と呼べるほど激しくなっている。

今回の欧州議会選挙直前には、ＡｆＤの筆頭候補であった２名の議員が、中国およびロシアとの癒着を疑われて、選挙運動ができない状況にまで追い込まれ、ドイツのあちこちでは、〝反ＡｆＤ〟〝民主主義防衛〟を謳《うた》ったデモが大々的に繰り広げられた。

ただ、これでＡｆＤが駆逐できると思ったのは早とちりで、多くの有権者はそれでもＡｆＤに票を投じた。しかも、選挙が終わると、それまでメディアが大々的に取り上げていた両候補者の〝容疑〟の話は忽然《こつぜん》と消え、間違いなく存在するはずだった「証拠」の話も、一切語られなくなった。常識で考えれば、これらはかなり明確な選挙妨害だったと思われるが、それについて考察する報道さえない。ドイツの主要メディアはＡｆＤに関しては、誤報の自由、報道しない自由を堂々と駆使する。

８月現在、どの調査会社の結果を見ても、ＡｆＤの支持率は16〜19％で、キリスト教民主・社会同盟（ＣＤＵ・ＣＳＵ）に次ぐ第二党だ。旧東独地域に絞れば、少なくともチューリンゲン州では間違いなく第一党。ザクセン州ではCDUと、ブランデンブルク州では社民党と競っている。9月にはその3つの州で州議会選挙が実施されるから、それまでに東独におけるAfD弾圧はさらに激しさを増すだろう(州議会選挙の結果は「あとがき」で詳述)。ただ、あまりやりすぎると、治安の乱れが懸念される。

一方、興味深いのは、2024年1月にできたばかりの左派の新党BSWだ。極左といわれた左派党からの分岐党で、代表はサラ・ヴァーゲンクネヒトというカリスマ才媛(54歳)。理論家としても、勇敢さにおいても、誰にも引けを取らない超インテリだが、基本的には共産主義者だ。

BSWというのは「Bündnis Sahra Wagenknecht」の略で、邦訳すれば「サラ・ヴァーゲンクネヒト同盟」。自分の名前を党名にした理由は、そうしないと有権者が、できたばかりの同党を認識できない可能性があるからだそうだ。つまり、ヴァーゲンクネヒト氏以外、有名な人がいないのも、この党の特徴だ。

そのBSWが、AfDと並んで旧東独で強い。出来立てホヤホヤなのに、欧州議会選挙では一気に6・2%の票を取り、出身党である左派党をほぼ潰してしまった(左派党の得票率は2・7%)。

彼女に言わせれば、現ショルツ政権は〝最低の政府〟で、そこに加わっている緑の党は〝ドイツ史上一番愚かな政党〟である。ＢＳＷの思想は左翼だが、しかし、ヴァーゲンクネヒト氏は、極左と言える緑の党の環境ドグマ（教理）とも、はっきりと袂《たもと》を分かっているわけだ。

氏が現在、政治目標として挙げているのは、「経済的理性」「社会的公平」「平和」。ドイツの現在の対露制裁は完全に誤りで、「経済的理性」に基づいていないため、ロシアではなく、ドイツを弱体化させる。だから、本来なら一日も早くロシアと交渉してガスの輸入を再開し、重要産業の外国移転を全力で防ぐべきなのだ。そのためには、直ちに緑の党の〝無計画な環境アクティビズム（積極行動主義）〟に別れを告げる必要があるとする。

また、ウクライナへの武器供与には絶対反対で、民間人も、兵隊も、ウクライナ人であれ、ロシア人であれ、これ以上、無辜《むこ》の命が一人でも失われることを防ぐため、直ちに和平交渉に入るよう主張している。

ちなみに、これらの対ロシア政策を掲げるヴァーゲンクネヒト氏のことを、既存の政党や主要メディアは「プーチンの手先」と決めつけ、誹謗中傷に余念がなかった。

なお、移民・難民については、氏の出身党である左派党を始め、緑の党、社民党が進めてきた無秩序な難民の受け入れが、特に貧しい人たちの住む地域で多くの問題を引き起こしており、もともと住んでいた弱い立場の人たちが一番大きな被害を受けていると、指摘している。

確かに移民の労働市場への参加は賃金を下げ止まりにするので、労働者を守る左翼の党は、本来なら、移民の無制限の流入には反対すべきだが、現実には長らく、その左翼が移民擁護の急先鋒となってしまっている。それを修正しようというのが、ヴァーゲンクネヒト氏だった。氏は自らを左翼保守と位置付けている。

ＡｆＤの勢いは止められない

これらの主張を一見すると、極左と言われるＢＳＷと、極右と言われるＡｆＤには、ロシアとの関係修復や、ウクライナへの武器支援反対はもちろん、これまでのドイツ政治を、ＣＤＵのものであれ、社民党のものであれ、強く批判しているところなど、共通点が多い。ただ、詳しく見ていくと、そのほかの政策はかなり異なることに気づく。

例えばＢＳＷの主張する「社会的公平」は、富は皆で分けるものという共産主義の原理思想が色濃いが、ＡｆＤは、政府による過度な富の再分配には否定的で、国家の介入はなるべく減らし、国民が自由に活動できる健全な世界、つまり、自由競争による経済発展を目指す。

また、両党とも、学校教育の秩序を回復させたいというところは共通だが、ＡｆＤが伝統や家庭を重視しているのに対し、ＢＳＷの重点は個人よりも集団にある。要するに、ＢＳＷとＡｆＤは、多くの点で、所詮、同床異夢《どうしょういむ》ではないか。

私は、ＡｆＤが発足した当初よりずっと観察しており、確かに党の中にネオナチの傾向の強い政治家もいたことは否定しない。出来立ての党は往々にして玉石混交《ぎょくせきこんこう》であるし、また、それ自体が人々の目を引くための作戦の一環であったかもしれないと思っている。

しかし、党の基盤が固まってくるにつれ、問題人物は急速に淘汰《とうた》されており、しかも、同党にはそれを補ってあまりある極めて優秀で、しっかりした政治家が数多くいる。現在のＡｆＤでは、ある程度の過激さは残しつつも、国政に携われる党になるべく、慎重な調整が行われていると感じる。

実際、２０２３年６月には、旧東独のチューリンゲン州のゾンネベルクという郡で、ドイツ初のＡｆＤの首長が誕生している。この選挙では、ＡｆＤを勝たせてはなるまいと、対抗馬のＣＤＵの候補者をほかの全政党が団結して応援したが、それにもかかわらず、ＡｆＤのロベルト・ゼッセルマン氏が52・8％の得票率で当選した。

既存の政党がＢＳＷを攻撃しない理由

ただ、このゾンネベルクの選挙結果により、既存の政治家の危機感が弾けた。思えばこれまでは、ＡｆＤが一党で過半数を制することは想定外であり、あらゆる政党の幹部が「ＡｆＤとの連立は絶対にない」と公言してきた。こうして締め付けていれば、ＡｆＤ支持率が多少伸びようが、いつか潰せるはずだと思っていたのだ。

また、メディアはメディアで、ＡｆＤの政治家をトークショーから締め出し、彼らの主張も伝えず、ＡｆＤの議員が左翼にさまざまな妨害を受けてもニュースにもせず、ただやみくもに「反移民」「反人道」「反ＥＵ」「反民主主義」のとんでもない党だと思わせる報道を、堂々と続けてきた。要するに彼らは、ＡｆＤから発言のチャンスを奪うことを、それどころかＡｆＤを誹謗することさえ、民主主義を守るための〝防火壁〟と名付けて正当化してきたのだ。

ちなみに、既存の政党はＢＳＷのことを極左と位置付けてはいるものの、〝極右〟のＡｆＤほどは攻撃しない。その第一の理由は、このＢＳＷを、旧東独地区でＡｆＤに対する当て馬にしようと思っているからだ。それどころか、ＣＤＵも社民党も、自分たちの勢力を保持するために、これまでは緑の党を連立に引き込んできたが、その緑の党の勢力が落ちてきた今、いずれＢＳＷを取り込まなければならないことを仮定し、その準備に取り掛かっているように見える。

既存の政党は、ＡｆＤを締め出している限り、過半数を確保するためには、政治の原則も民意も無視したこういう野合のような連立を組むしかなくなる。要するに、ＡｆＤに対するなりふり構わぬ攻撃というのは、民主主義のためでも、自分たちの納得する政治のためでもなく、彼らがこれまで皆で構築してきた快適な世界と、そこにまつわる利権を失うことへの恐怖の表れ以外の何ものでもないと、私は見ている。

2　ＡｆＤ弾圧は東ドイツの恐怖政治にそっくり

ＡｆＤの一般の支持者までが抑圧の標的に

ＡｆＤに対するさまざまな抑圧は、結党以来すでに11年間、常に行われてきた。そして今、抑圧は佳境に入っている。いくつかの州の憲法擁護庁が、ＡｆＤを極右、あるいは、極右の疑いの濃い政党に指定するに至っている。

そうでなくてもＡｆＤの政治家は悪魔化され、最近ではＡｆＤの支持者までが〝ドイツの民主主義に対する潜在的な危険〟として、社会生活上で不利益を被《こうむ》るケースが頻発している。

ＡｆＤに対する攻撃は、２０２４年6月のＥＵの欧州議会選挙の前に激化したが、現在、9月の３つの州議会選挙、そして、２０２５年の総選挙を控えてさらに激しくなっている。

政権与党を形成している社民党、緑の党、自由民主党の支持率が軒並み下降線をたどっている中、ＡｆＤだけが伸びているのだから、この進軍をどうにかして止めようと、現政権が必死になるのも無理はないかもしれない。

直近の事件で私がショックを受けたのは、ＡｆＤの支持者が信用金庫の自分の口座から、党の会費と寄付金の合計４３０ユーロを振り込もうとしたら、銀行から「受取人が極右であるので、振込は受け付けられない」という内容の手紙が来て振り込みを拒否されたという話だ。

ＡｆＤがドイツで公式に認められている政党であることを思えば、常軌を逸した事態である。ＡｆＤの共同党首の一人、ティノ・クルパラ氏が、「銀行口座を閉められた」と言っていたことがあったが、今では標的は支持者にまで広がりつつあるらしい。

また、慢性疾患を持つＡｆＤの支持者が、かかりつけのクリニックでいつも通り薬の処方箋を出してもらおうとしたら、「あなたの思想には同意できないので、違う医者を探してくれ」と断られたという話もあった。ドイツでは恐るべき事態が進行しているのではないか。

数カ月前には、有名な乳業グループ「ミュラー」社の、とっくの昔に引退した経営者テオ・ミュラー氏（84歳）がインタビューで、AfDのもう一人の共同党首、アリス・ヴァイデル氏と親交があると言ったところ、緑の党の政治家などが大騒ぎをして、同社の製品の不買運動を起こした。ちなみにヴァイデル氏は、ある時、突然、子供が誰とも遊んでもらえなくなり、住居をスイスに移したという。

AfD弾圧をメディアが「報道しない自由」

それどころか、AfDの政治家に対する襲撃まで起こる。2019年には、ブレーメンの地方議員、フランク・マグニッツ氏が夜道で襲撃されたが、その血だらけの写真に、緑の党の政治家ジェム・オツデミア氏（現・農相）は、「たとえAfDの議員に対してであっても暴力は良くない」とツイート。自業自得と言っているに等しいこのツイートに頷《うなず》くドイツ人がいるかと思っただけで、私は背筋が寒くなった。

2023年10月には、クルパラ氏が野外集会の際、支持者にもみくちゃにされた途端、腕に痛みを感じ、その直後に倒れて病院に運ばれるという事件も起こった。診療の結果、腕に注射針のような跡があったというが、メディアは一切動じず、あたかもAfDがデマを飛ばしていると言わんばかりの意地悪な報道ぶりだった。これが社民党や緑の党の議員であったら、どれほどの大騒ぎになっていたことか。

２０２４年3月23日には、ドイツ南部のハイルブロン市で、ＡｆＤのイベントが計画される予定だったが、その前日の夜中、ホールのドアの鍵が壊され、会場に激しい刺すような匂いの液体が撒き散らされたという。

しかし、このニュースは、ごく小さな地元紙で報道されたのみで、私が知ったのは偶然で、しかも10日以上経ってからだった。

ＡｆＤのイベント会場で、事前に窓ガラスが破られたり、壁がスプレーで汚されたり、当日、訪れる人々が威嚇されたりというケースは、これまでもしばしば起こっていたが、主要メディアでは一切報道されない。しかも、これらは犯罪なのに警察が積極的に動かないため、当然のことながら、誰もＡｆＤには会場を提供しなくなる。

ところが、最近、突然、緑の党の政治家や社民党の政治家が、極右から卑怯な攻撃を受けているという報道が広められた。もちろん、それもあったかもしれないが、果たしてメディアは公平な報道をしているのだろうか。いずれにしても、私はしばしばメディアの偏向に呆れ返り、同時に、ＡｆＤの政治家の根気と勇気に頭が下がる。

言論の自由を破壊する恐怖の「民主主義促進法」

ＡｆＤの支持を表明すると解雇されるというケースは、官庁ではもちろん、すでに民間企業にも及んでいる。

民間企業がＡｆＤから距離を置くのは、ＡｆＤとかかわると悪いイメージを拡散されて取引上の不利が生じるとか、融資を受けにくくなるなど、悪影響を被《こうむ》る危険があるからだ。どう贔屓目《ひいきめ》に見ても、これでは民主主義国家ではない。ドイツにおける言論の自由はかなり狭まっている。

ところが、そのドイツで今、「民主主義促進法」（通称：Demokratiefördergesetz）という、さらに言論の自由を狭める法律が、社民党のフェーザー内相の手によってつくられようとしている。

同法案は２０２２年12月に閣議決定され、２０２３年3月に国会で審議されたが、しかし、その後、一度は賛成したはずの連立与党、自由民主党が妨害に回ったため、審議はストップしたままだった。それを最近、社民党のフェーザー内相と、緑の党のリザ・パウス家庭相が力を合わせて、再び強引に表舞台に引き摺り出した。

では、民主主義促進法とは何か？　フェーザー氏によれば、ドイツではここ数年、ヘイト（憎悪）やフェイク（捏造《ねつぞう》）、扇動が蔓延し、オープンで多様な社会が次第に圧迫されてきている。そこでこの法律により、反民主主義の思想や過激派の台頭を早い段階で防ぐという。

具体的には、憲法擁護庁（国内向けの諜報機関で、内務省の下部組織）が、ある組織や人物を「極右」、あるいは「極左」と認定すれば、そのグループや人物の基本的人権、つまり、自由な言論、思想、行動などを制限できるようになる。

それどころか、認定まで行かなくても、ただ疑いをかければ、電話やメール、銀行口座の動きまで監視できる。しかも、疑いをかけるための具体的な根拠はいらないという、政敵を合法的に無力化するためには万能の法律である。

２０２４年２月に行われた記者会見には、憲法擁護庁のトーマス・ハルデンヴァンク長官が同席しており、フェーザー氏の本気度がわかる。憲法擁護庁は前述の通り、国内向けの諜報機関で、内務省の下部組織だ。つまり、中立とは決して言えない。

ただ、憲法5条には言論の自由が明記されており、しかも、そこで保証されている「自由」

はかなり大きい。特に「政治的な論争」については、「批判」はもちろんのこと、「罵《のの》り」「推察」「罵倒」なども含めて、発言内容は非常に寛大に認められているという。なぜなら、「激しい論争」こそが民主主義を活性化する重要な要素であり、そのために、言論の自由は最大限保護しなければならないという考え方に基づいているからだ。ところがフェーザー氏は、それを禁止、あるいは制限しようとしている。

フェーザー氏が新しい法律を決めるのに、なぜ緑の党の家庭相と組んだかというと、法務省は3つ目の与党である自由民主党が握っており、まさかこのような違憲の動きに積極的に賛同してくれるはずがなかったからだ。それにしても、これが民主主義の強化とは恐れ入る。あたかも放火魔が消防団を結成したようだと思ったのは、もちろん私だけではなかった。

自由民主党のベテラン議員であるクビキ氏も、3月18日付の「ビルト」紙で、「社民党の内相自らが、民主主義に対する危険要素になるとは夢にも思わなかった」と語っている。

元記事のタイトルは「フェーザーは〝全体主義的な思考に落ち込む〟(Faeser "verfällt in autoritäre Denkweise")」(Von: Hans-Jörg Vehlewald／2024年3月18日付)。そのほかにも、大勢の政治家、法律家、識者が、この法律の違法性、危険性を警告した。

「民主主義に反するのは極右だけ」

フェーザー氏は社民党の中でも一番左に位置する政治思想の持ち主で、極左の政治グループとの関係も悪くないという。

政権について間もない2022年、「極右と戦うための行動計画」を発表した時の記者会見では、「極右が特別な脅威であると、どのように定義するのか？」という記者の質問に対し、「民主主義の基本秩序に明らかに反するのは極右だけで、そのほかの過激派の形態ではそれが見られない」という驚くべき持論を披露した。要するに、駆逐すべきは右派で、極左はOKなのだ。

ドイツの保守派の間で圧倒的な人気を誇る実業家、兼作家、兼批評家であるマルクス・クラル氏は、「ドイツに極右による危険など存在しない。あるのは、フェーザー氏らによる民主主義崩壊の危険だ」と、これらの動きを決然と弾劾《だんがい》している。

なお、今回の民主主義促進法についての会見の場で最も怖かったのは、パウス家庭相の次の発言。

「現在、合法とされている〝憎悪〟や〝扇動〟も、今後はそれを取り締まれるようにするべき」

彼女の考えを〝通訳〟すれば、「たとえ合法であっても、悪い考えは頭の中にある段階で、断固、取り除かなければならない」ということ。彼女らは、自分たちの気に入らない〝悪い考え〟を罰するため、憲法の変更までを視野に入れているのだ。

そもそも、真っ当な政党なら、支持率がここまで下がれば政策の修正や閣僚のすげ替えを行うのが筋だろうが、社民党と緑の党の場合は、言論の自由や思想の自由を踏み躙《にじ》ってでも、政敵打倒に全力を注ぐというわけだ。

しかも、私の見るところ、両党とも言論統制では極めて巧緻であり、主要メディアを完全にコントロールしている。だから、批判的な報道がほとんど出ず、このままではまっしぐらに東独に逆戻りしそうだ。

なお、この、どう見ても民主主義をザルにしかねない不埒な民主主義促進法案に、野党が明確に反対しないのは、下手に言論の自由などを唱えると、ＡｆＤと混同される危険があるというナンセンスな理由に加え、実は、ほかの政治家も皆、ＡｆＤを潰したいと願っていることもある。彼らは何より、ＡｆＤの台頭でこれまでの政治体制が崩れ、与野党で温存してきた政治地図、そして、それに伴う既得権益が失われることを恐れている。だから皆、「今が踏ん張り時」と思って、ＡｆＤに対する言論の抑圧は見て見ない振りをし、〝秩序回復〟を心待ちにしているのだろう。

ちなみに、これも旧東独と似ている。東独では、与党、野党は形式だけで、結局、官僚から議会、そして司法まで、皆で一つの旗の下に勢揃いしていた。そして、これは皆で一塊りになっているという意味でブロック政党と呼ばれた。今の既存政党もそれに似ていて、皆で一丸となり、次の選挙と自分たちの利益を最重要視している。

ただ、国民の感情は、政党の利権とも選挙のピリオドとも無関係だ。いつまでも官製デモに参加し、政府の「民主主義を守れ！」の笛の音に合わせて踊り続けるとは思えない。だからこそ政府は、一日も早く民主主義促進法をつくろうとしているのだろうが、これが成立すれば、ＡｆＤだけでなく、国民全体の基本的人権自体が危機に晒《さら》されかねない。

それにしても、ドイツ人はなんと危うい内務大臣を戴いているのだろう。

3　LGBTQ＋政策がもたらす国家破壊

ポリコレに縛られたドイツサッカーのナショナルチーム

これら「思想の統制」は、今やスポーツの世界にまで入り込んでいる。例えばサッカー。ドイツはサッカーの国で、ちびっ子キッカーたちは皆、大きくなったらサッカーの選手になろうと、目を輝かせながら駆け回っている。大人も、それぞれ贔屓の地元チームがあり、勝った、負けたとテレビの前で一喜一憂。ましてやW杯（ワールドカップ）やEURO杯（UEFA欧州選手権）ともなると、それこそ国中がフィーバーする。

戦争中の不幸な出来事のせいで、日本にもまして自虐史観が徹底しているドイツのこと、普段は公的な建物でも国旗が掲げられることはほとんどないが、W杯やEURO杯の期間中だけは、国中が国旗だらけになる。サッカーは、ドイツ人が遠慮なく集団的愛国心を発揚することが許されている唯一の機会と言われる所以《ゆえん》だ。

ドイツサッカー連盟（DFB）は、1900年に設立された由緒ある組織で、ドイツにある27の大きなサッカー連盟を束ねている。その中の一つが有名なブンデスリーガで、そのほかに5つの地域連盟と、21の州や自治体の連盟がある。それらの連盟に所属するチームを全部合わせると2万4500以上、選手の数は700万人というから、裾野の広さがよくわかる。ドイツの代表選手団も、このDFBによって構成される。

ドイツのナショナルチームは強豪として、日本でも結構有名だ。4年ごとのW杯では1954年、74年、90年、2014年と4度も優勝しているし、EURO杯でも1972年、80年、96年と3度優勝した。準決勝で惜しくも敗れた大会も多く、2002年、日本で開催されたW杯の時もそうだった。ところが、ここのところ、この栄《は》えあるドイツチームがボロボロなのだ。2018年と22年のW杯では、まさかの予選落ち。20年のEURO杯はトーナメント初戦で早々に敗退。24年6月のEURO杯では準々決勝でスペインに敗れた（ただし、これだけは審判の判定ミスの可能性が高い）。

負けが込んでいる原因はいろいろ挙げられているが、DFBの幹部が政治にのめり込み過ぎて、選手たちをポリコレで縛っているからという理由が一番、正鵠《せいこく》を射ているような気がする。

LGBTQ＋を意識したピンクと紫の新ユニフォーム

さて、そのドイツサッカー界で最近、二度にわたってナショナルチームのユニフォームが物議を醸した。

第一弾は2024年3月14日。6月のEURO杯（2024年はドイツで開催）用のユニフォームが発表されたのだが、ホーム用と呼ばれる第一ユニフォームはこれまで通り白が基調で、そこに黒、赤、金というドイツの国旗をイメージさせる配色がなされた伝統的なものだったが、アウェイ用と呼ばれる第二ユニフォームが突然、ピンクと紫に変貌！岩盤ファン層は、それを一瞥した途端、ショックでひっくり返りそうになった。というのも、これまでの第二ユニフォームは、黒、深緑、あるいは濃い臙脂色《えんじいろ》などキリッとした色で、〝雄々しく〟決めていたからだ。

しかし、実は、ショックにはもう一つの理由があった。このユニフォームはあまりにも明確に、DFB、および現ドイツ政府の政治的思想を主張していたからだ。実は、ピンクや紫というのは、ＬＧＢＴＱ＋（注：Ｌ＝レスビアン、Ｇ＝ゲイ、Ｂ＝バイセクシャル、Ｔ＝トランスセクシャル、Ｑ＝不明、もしくは未定）の象徴として、よく使われる色なのだ。ＤＦＢは昨今、政府に負けないほど左傾化しており、ＬＧＢＴＱ＋の促進にはことのほか熱心だ。しかも問題は、それを文化も事情も異なるほかの国にまで強要したがることだった。

例えば、２０２２年のカタールでのＷ杯。開幕前、カタールが同性愛を禁止していることについて、緑の党の政治家たちが人権蹂躙《じゅうりん》といきり立ち、社民党のフェーザー内相が、「あのような国を世界選手権の開催国にすべきでなかった」と言ってカタールを怒らせた。ドイツチームの乗った飛行機には、いろいろな肌の色の人たちがスクラムを組むイラストに「Diversity Wins」（多様性の勝利）という文字が大書された。そして、対日本戦の日には、フェーザー内相が〝正義を示す〟ため、ＦＩＦＡ（国際サッカー連盟）が禁止したＬＧＢＴＱ＋擁護の腕章をわざわざ付けて、硬い表情でＶＩＰ席に座った。

選手たちが「手で口を押さえる」奇妙なパフォーマンスを演じたワケ

問題は、ドイツの代表選手たちが自動的に、これら〝啓蒙ミッション〟に組み込まれてしまうことだ。誰が言い出したのか、当初、ドイツチームのキャプテンが、そのいわく付きのLGBTQ+の腕章を付けるという話が持ち上がった。しかし、政治的シンボルはスポーツの場にふさわしくないという理由で、FIFAがそれを禁止。そこで、選手たちが試合前の記念撮影で、手で口を押さえるという奇妙なパフォーマンス（「我々は口を塞《ふさ》がれた」という意味）で抗議したのは、私たちの記憶にまだ新しい。

当時、フランスチームのキャプテンは、「フランスを訪れた外国人には我々のルールに従ってもらう。だから、私はカタールでは相手のルールに従う」と述べ、カタールの人権問題に触れることはなかった。

DFBの総裁、ベルント・ノイエンドルフ氏は、ノートライン＝ヴェストファーレン州が社民党政権だった2010年代に、州の家庭省の政務次官を5年間も務めており、同州の政治家であるフェーザー内相とも非常に近い。それどころか、DFBの理事を務めるアンドレアス・レティヒ氏は、政治的にはさらに左と言われた。

結局、この時、ドイツチームは肝心の試合は予選で敗退。4年に一度のW杯を心待ちにしていたファンたちも、テレビの前に手ぶらで取り残されてしまった。つまり、こういう背景があったため、彼らが今回のピンク色のユニフォームに政治的意図を感じたのは、ある意味、当然だったのだ。

しかし、カタールでの失敗を教訓として生かす気のなかったDFBは、2024年6月のEURO杯では、この風変わりなユニフォームで、ピッチのみならず、応援席まで埋めてしまうつもりだったらしい。ノイエンドルフ氏いわく、「新ユニフォームは、〝サッカーファンの新世代〟と〝ドイツの多様性〟の表出」。氏の言うサッカーファンの新世代というのは、「〝男らしい〟などという抽象的、差別的、かつ意味不明の形容詞に惑わされない新しい人間」という意味なのだろうか？

しかし、ふたを開けてみれば、新ユニフォームはファンに受けなかったのか、あるいは、値段が高すぎたのか、ほとんどのファンはこれまで通り、白地のホーム用のユニフォームを着て応援していた。

アディダスからナイキへ――あっけなくカネに転んだ独サッカー連盟

さて、ユニフォーム問題の第二弾はというと、3月22日、DFBが長年の提携パートナーであったアディダス社を、2027年からナイキ社に変更すると発表したこと。アディダスはドイツのメーカーで77年もの間、ナショナルチームのユニフォームやスポーツ用品を全て担当してきた。いうまでもなく、ナイキは米国のメーカーだ。

交代の理由は至って簡単。ナイキの提案したスポンサー料が巨額だったから。ドイツの経済紙「ハンデルスブラット」によれば、これまでのアディダスの年間５０００万ユーロに対し、ナイキが申し出た額は1億ユーロだったという。これでは確かに勝ち目がないが、それでもサッカーファンは「金の切れ目が縁の切れ目か」と憤慨した。

ＤＦＢとアディダスとの歴史は長い。契約が結ばれたのが１９５０年で、その4年後の54年に、第2次世界大戦後初のＷ杯がドイツで開かれた。これは、ホロコーストの汚名のため、戦後、事実上、国際舞台から締め出されていたドイツに、諸国が手を差し伸べたことを示す希望の大会だったが、ここで、ドイツがまさかの優勝を勝ち取ったのだった。しかも決勝戦は、84分目のゴールでドイツの勝利が決まるというドラマとなり、この時のドイツ人の歓喜の様子は、ラジオアナウンサーの狂ったような叫び声とともに伝説となった。

そして、この伝説に少なからず貢献したのが、当時、アディダスが開発した軽くて柔軟なシューズだった。折しもハンガリーとの決勝戦は雨で、フィールドが激しくぬかるんだ。そのため、強豪ハンガリーチームは、杭《くい》を靴底に打った重い革靴に文字通り足を取られ、ドイツチームの機動力に大きく水を開けられたと言われる。

この勝利の後、奇しくもドイツは奇跡の経済復興に突き進み、アディダスとドイツチームは数々のサクセスストーリーを紡ぎ続けた。なのに、それが今、あっけなくナイキに取り替えられることについては、政治家までが遺憾《いかん》の意を表明した。

スポーツの政治利用は独裁国家の証ではないのか

ただし、皆が一番理解に苦しんだのは、ロベルト・ハーベック経済・気候保護相（緑の党）の「ＤＦＢには少し愛国心を持ってほしかった」というコメント。この緑の党の政治家は、かつて自著に、「祖国愛という言葉には吐き気を感じる」と書いて顰蹙《ひんしゅく》を買った人だ。国歌を歌う場面では、今も硬く口を閉じている。それが突然、愛国心とは恐れ入る。

案の定、ＤＦＢもこの批判には敏感に反応し、あわてたハーベック氏が４月10日、ノイエンドルフ氏とレティヒ氏を経済省に招いて関係修復を図った。報道されたその時の写真を見たら、お灸を据えられた（?）ハーベック氏がピンクの新ユニフォーム姿だったのが、少し惨《みじ》めだった（Nach Kritik: Habeck trifft DFB-Bosse im pinken Trikot＝批判の後：ハーベックはＤＦＢのボスたちにピンクのユニフォームを着て会う／『南ドイツ新聞』4月10日付)。

いずれにしても、これらを見ていると、現ドイツ政府とＤＦＢの関係が不明瞭だ。しかも、ＤＦＢによるＬＧＢＴＱ＋の無理強いには不安はもちろん、不快感がある。これまでドイツのサッカーは、貧富とも政治的信条とも無関係だったはずなのに、現在、いくつかのブンデスリーガのファンクラブからは、ＡｆＤの支持者が締め出されるという事態まで起こっているという。

スポーツの政治利用は独裁国の得意とするところだが、ドイツも少しずつそちらの方向に進んでいきそうで、心が波立つ。サッカーが子供たちの夢であり続けてほしいというのは、今もドイツ人全員の願いであるはずなのに。

「性別があっという間に変えられる」新法案

２０２４年4月12日、ドイツで、ＬＧＢＴＱ＋をめぐる新しい法案が成立した。施行は11月の予定だ。新法案は、通称「自己決定法＝Selbstbestimmungsgesetz」。何を自分で決めるかというと、性別と、それに見合った新しい自分の名前だ。

これにより、1980年に制定されたトランスセクシャル法が置き換えられた。

それまでのトランスセクシャル法では、戸籍に記載された性別、および名前を変えるためには、一連の手続きが必要だった。戸籍は公文書であるから、そう簡単に変更できないことはどこの法治国家でも同じだ。例えばドイツでは、性別を変えるためには、医師などによる鑑定書が2通必要となる。

ところが、自己決定法では鑑定書は必要なくなり、本人が役所に届けるだけでOK。自分で男だと思えば男、女だと思えば女になれる。申請が可能なのは14歳以上だが、18歳未満の場合は、申請にあたり保護者の承諾がいる。保護者が承諾しない場合は、家庭裁判所が介入し、子供の希望に沿って性別を決定することになるという。それどころか、政府はさらに14歳以下の子供にも性の変更を認める意向で、その場合は保護者が子供に代わって申請する。

なお、これらはすべて身体の形状、つまり生物学的な性別とは関係がない。あくまでも、自分が男であると感じるか、女であると感じるかの問題だ（手術などで性器やホルモンの分泌器官に変更を加える場合には、本人の意志だけではなく、医師の判断が必要となる）。つまり、外見がどこから見ても男性で、ちゃんと男性器がついていても、本人が女性だと感じ、役所でそれを届ければ、法律上は女性になる。現代社会では、この状態でオリンピックにも出られる。

ただ、23年8月、マルコ・ブッシュマン法相（自由民主党）とパウス家庭相（緑の党）が、この法案を「本日は我が国の自由にとって良き日である」と祝福しつつ、国民に告知した時には、これが本当に議会を通るのかどうか、国民は半信半疑だった。

ブッシュマン氏とパウス氏にとって、これまでのトランスセクシャル法の何が問題だったかというと、この法律がトランスジェンダー人間を病人扱いにしていること。さらに、鑑定書作成のために、精神科医がプライベートに関する多くの屈辱的な質問をしなければならなかったことが挙げられていた（また、鑑定費用が申請者持ちであることも）。「誰であろうと、他人の性的アイデンティティなど鑑定できない」というのが、両人の主張だ。

性別というのはDNAのもたらす結果なので、生まれた時、DNAの異常などで男女の判断がつきにくいケースがあるという。しかし、出生届には男女のどちらかを書かなければならず、確かに、後でトラブルが起きることもあった。

だからこそ、これまでは、医師の鑑定などの経過を経て、性別の変更が認められていたわけだ。しかし、ブッシュマン氏とパウス氏は、この自己決定法ができてこそ「自分が自分であるための自由を確立できる」と、晴れやかに宣言した。

狙いは国家破壊

８カ月のちの24年４月、前述の通り、この法案は国会を通った。それまで国民の間から、また、保守系の政治家、青少年心理が専門の医師たち、ドイツ倫理学会の学者などからも、強い懸念が表明されていたにもかかわらずである。なぜか？

普段なら、三党連立政権のうち、保守リベラルである自由民主党は、左派政党の社民党と緑の党とはことあるごとに対立していたが、同法律に関しては、意見が一致していたどころか、その自由民主党のブッシュマン法相が牽引役となっていた。国が何かを規定、あるいは規制することを嫌うという自由民主党のリベラル精神が、その背景にあったのだろう。つまり、国家の権力は小さければ小さいほど良いという彼らの自由主義的信条と、「性の自己決定」が、図らずもマッチしたのである。

ただ、社民党や緑の党の真意が、自由民主党と同じだったかどうかはわからない。彼らがこの法律によって最終的に目指しているのは「自由」などではなく、新しい社会秩序ではないかという疑いを私は捨てきれない。

ドイツではすでに2017年、同性婚が従来の男女の結婚と100％同格になることが国会で決まった。つまり、それ以来、結婚とは男女の間ではなく、2人の人間の間で成立するものだ。この同性婚の合法化に極端なまでにこだわっていたのも、やはり緑の党と社民党だったが、今後はそれがさらに進化し、異性、同性どころか、その性別自体が、変更可能で流動的なものとなるわけだ。

性別が意味を失った社会では、夫婦だけでなく、家族、親子といった既存の枠組みも自ずと崩れていく。それら従来の家族制度が揺らげば、伝統は失われ、国家という纏《まと》まりも崩壊していくだろう。緑の党や社民党の人たちにとっては、どのみち、国家とは邪魔な存在でしかない。それどころか左派の急先鋒に言わせれば、パスポートに、性別や、身長、目の色などを書かなければいけないこと自体が、国家権力の暴走であるという。

2018年からドイツのパスポートには、おそらくその国家の暴走を防ぐためか、性別欄に「男」「女」だけでなく、「その他」と書くことができるようになった。求人広告ではすでに、「求む、男、女、その他」という書き方がスタンダードだ。

本来、寛容な社会というのは、さまざまな差をあるがままに認める社会であり、多様性というのは、いろいろな考えの人がいてこそ多様のはずなのに、今では差を口にすれば差別と取られかねず、どこにも何の差もないように振る舞うことが正しいとされる。

いずれにせよ、「自己決定法」は、有史以来、男と女という概念を土台につくり上げられてきた国家の秩序を、根本から覆す第一歩となる危険性を孕《はら》んでいる。特に法律は、男女の区別がなければ、条文が成り立たず、無効になりかねないものも多い。しかし、その社会の大変革が、人権強化や平等を前面に出して、今、いかにも簡単に実行に移されようとしている。

トラブルが顕在化するトランスジェンダー

多くの専門家が「自己決定法案」に反対していた理由は、多岐にわたる。特に懸念されているのが、18歳未満の思春期の子供たちだ。彼らは属しているグループの雰囲気や、他人の極端な意見の影響などを受けやすい。そんな未熟で不安定な判断能力を過信し、性別を決定するという権利を与えてしまって、アフターケアはどうなるのかということだ。後悔したり、迷ったりで、性別変更を繰り返すことが望ましいはずはないが、今の法案ではそれも可能だ。

ちなみに、ハンガリーでは、青少年をこの風潮から保護するため、教科書や未成年用の映像などでＬＧＢＴＱ＋の情報を与えることを禁止したが、それをＥＵは「差別だ」「人権侵害だ」として猛烈に非難している。

なお、成人のトランスジェンダーに関してもすでに問題が起こっており、例えば緑の党では、地方選挙の際、党内のリストで女性候補を優先したため、本来なら男性だった人が、急に女性だと言い張って立つという嘘のような事件もあった。緑の党は、性別は自分で決められるとしながら、一方では男女の議席数を同数にするとして論理破綻を起こしている。また、ショルツ政権も、当初、大臣の数を男女同数にすることにこだわり、適材適所という大切な観点を無視するという誤りを犯した。

一方、英国では、女性の留置所に入れられたトランス女性が、同じ部屋にいた女性２人を妊娠させるという痛ましい事件まで起きた。

また、スポーツ界では、やはり元男性のトランス女性が競技に参加するケースが、あちこちで問題化している。８月のパリオリンピックでは、生物的には完全に男性であるボクサーが、女性として参加した。ただ、その人はトランス女性ではなく、戸籍上、元々、女性であったというから、事態は複雑だ。

ＩＯＣは、パスポート通りの性別を採用すると居直っているが、生物的男性と、生物的女性が、オリンピックの格闘技で戦えば、女性の命にもかかわる。これはパスポートの性別では済まされず、今後、どうにかして解決しなければならない問題だろう。

私は、男でも女でも、あるいは、男と感じようが、女と感じようが、法律を犯したり、他人に迷惑をかけたり、傷つけたりしなければ、皆が共同社会の一員として助け合い、認め合って、それぞれの幸せを追求して生きていくのが理想だと思っている。ところが現在、社会が平等を叫びながら、かえって息苦しくなっているのは、「差」と「差別」が混同された結果、一切の「差」が存在しないように振る舞わなければならなくなったからだと思っている。

真の平等とは何かと考え出すと、結論など出ない。なのに、安直に結論を出すから、かえって平等が損なわれることになる。「自己決定法案」にまつわる現代社会の理想の姿の追求は、これからがいよいよ本番になるだろう。

4　ヨーロッパで巻き起こる反EUの農民デモ

戦後最大規模の反政府デモ

2024年、新年早々、ドイツでは、戦後最大規模の反政府デモが繰り広げられた。中心になっていたのは農民で、元はといえば、2023年末、政府が農家に対するいくつかの補助金を撤廃しようとしたことだった。

それがきっかけになって、農民の間に長年のあいだ燻《くすぶ》っていた政府、およびEUの農業政策への鬱憤《うっぷん》が爆発。しかも、その途端に多くの国民が農民支持に回ったため、論点は農業を超えて、速やかに現政府批判へと移行した。そして、これが広範な反政府デモに発展するまで、それほどの時間はかからなかった。

こうして裾野を広げた農民デモは、年の明けた1月8日から新たに1週間の予定で始まり、全国の主要都市でトラクターとトラックが道路を埋めた。また、幾つかの主要なアウトーバーンの入り口も封鎖され、ドイツ中、あちこちの交通が8日間にわたって混乱した。最終日の15日には、みぞれが吹き荒《すさ》ぶ中、ベルリンのブランデンブルク門の抗議集会に数万の人々が集結。ドイツ各地のみならず、周辺の国々からも応援に駆けつけたトラクターやトラックが、見わたす限り並んだ。

一方、政府代表として出席していた財相のスピーチは、「ブー！」や「帰れ！」の声でかき消され、今にも革命が起こるかと思うほどの熱気が立ち込めた。しょっちゅう、デモをしている左翼とは違い、普段寡黙であった農民がここまで怒ったことには、かなりのインパクトがあった。

EUの農業政策に対する不満爆発

3月20日は、たまたま訪れていたポーランドのシュチェチンで、偶然、同地の農民デモに遭遇した。シュチェチンはドイツからポーランドに入ってすぐのところにある大きな町で、戦前まではドイツだった。現在のポーランドでは、グダニスクに次ぐ2番目に大きな港湾都市だが、主要道路に巨大なトラクターが何百台も整然と停まっており、その列が延々と町の中心広場につながっていた。

広場では、農民らは三々五々、集会を待ちながら歓談。皆、背中に「連帯」と書かれたお揃いの黄色いベストを着ていた。

農民の不満の元凶はEUのどこもほぼ同じで、EUの無意味な介入に対する長年の不満が爆発したものだ。EUでは官僚主義がすでに底なし沼のようになっており、農業について何の知識もない官僚が、農民からみれば何の役にも立たない規則を何百もつくって押し付けてくる。

農家はそれらの規則にがんじがらめになっているばかりか、詳細な報告義務まで課せられており、それだけでも膨大な時間がかかる。もちろん、〝時は金なり〟なので、最終的に経済的な負担にもつながる。

中でも環境規制が法外に厳しく、守っていたら農業を放棄しなければならないレベルに達している。まさにそれが原因で、2022年にまずオランダで農民が立ち上がった。ドイツでも、環境規制をクリアできず、すでに農業を諦める農家が続出していた。先祖代々耕してきた土地を離れなければならない農民の怒りと悲しみは大きかった。

ウクライナ産小麦の問題

ただ、ポーランドの農民デモには、もう一つの大きな原因があった。世界の穀倉、ウクライナで起こっている戦争である。戦争前、世界で取引されている小麦の4分の1は、ロシアとウクライナ産で、2021年、ウクライナの小麦は主に、エジプト、インドネシア、トルコ、パキスタン、モロッコなどに輸出されていた。

ところが、戦争勃発後、ロシアによる港湾封鎖で穀物の輸出ができなくなったため、それがウクライナの農家に打撃を与えただけでなく、安価なウクライナ産の小麦に依存している貧しい国々に食糧不足をもたらす危険が生じた。そこでEUは2022年6月、ウクライナの農産物をそれらの国々に届ける輸送路を提供しようと、EUの関税を一時撤廃した。そして、このアクションを、〝連帯の回廊〟と名付けた。

しかし、安価なウクライナの農作物はEU国境を超えた途端、ポーランド、ハンガリーなど隣接の国々で売却されてしまった。そのため、特にポーランドでは、油料種子、とうもろこし、鶏肉などの価格が暴落し、このままでは耐えきれないと判断したポーランド政府は、ハンガリーとともに、ウクライナからの農作物の流入を禁止した。本来なら、EU国の交易に関する権限はEU本部にあるのだが、背に腹は代えられない。さらに、同じ問題を抱えていたスロヴァキア、ルーマニア、ブルガリアの3カ国が、この措置に追随した。

翌年5月、これら東欧5カ国とEU委員会が合意に至り、まずは2023年9月14日までという期限付きで、ウクライナの農産物が再びEUに輸入され始めた。その際、EUの農村の被害を防ぐための妥協案として、一部の農産物のEU内での販売が禁止された。東欧の5カ国は、この特例措置は当然、9月15日以降も延長されると思っていたらしい。

ところが9月に入ると、EU委員会は、農業市場の歪《ゆが》みは解消されたとして、制限を撤廃。しかもウクライナには、「今後は市場のバランスを十分考慮するよう」と要請しただけだったので、これが、東欧だけでなく、フランス、ドイツ、オランダなど、EU中の農家を怒らせた。

そこでポーランドのマテウシュ・モラヴィエツキ首相（当時）は即座に、「ブリュッセル官僚の怠惰のせいで、我が国の農業が壊されるのを看過することはできない」として、ハンガリー、スロヴァキアと共に、ウクライナからの農産物の輸入禁止に踏み切った。するとそれに対し、ウクライナのタラス・カチカ経済副大臣兼通商代表が、この3カ国をWT

O（世界貿易機関）に提訴した。

EU全域に拡大する農民デモ

いずれにせよ、これ以後、EUのあちこちで、何百台ものトラクターを駆り出した激しい農民デモが収まらなくなったことは、日本でも報道された通りだ。特にフランスでは、「パリ封鎖」として、パリに続く高速道路にまで何百台ものトラクターが入って、列をなした。

ちなみに「農民」というと、あたかも差別語のように思う人がいるが、ドイツに限っていうなら、「Bauer」という言葉には「農民」が一番ピッタリ来る。そして、そのドイツの農民は（おそらく日本やほかの欧州の国も同じだと思うが）、地に足のついた思考、バクテリアや化学肥料についての科学的知識、品種改良についての知見、何よりも確固とした政治的な意見を持っている。また、独立独歩で、「農民」であることに誇りを持っており、自分たちこそが、大地とともに悠久の時間の流れを生きてきた祖先の志を受け継いでいると信じている。すなわち、ドイツの自然を身を挺して守っているのは自分たちであるとし、左翼に占拠されているEUの環境運動には賛同しない。

いずれにせよ、この頃、すでに彼らのＥＵに対する不信感は、ＥＵの左傾が修正されない限り、そう簡単には消えないと思われるほど膨れ上がっていた。

拡大していく農民デモに恐れをなした欧州委員会は、２０２４年2月初め、妥協案を出した。それによれば、ウクライナからＥＵに輸入される農産物のうち、鶏肉、卵、砂糖の輸入量には制限をかける。そして、それ以外の物の流入には量的制限はないが、その代わりに、それらの農産物がＥＵで販売されないよう、特別の通過ルートを設けるというものだった。

しかし、〝連帯の回廊〟はこれまでも常にザルだったため、ＥＵの農民連合は納得せず、デモは続いた。

3月28日、突然、ポーランドの新首相であるドナルド・トゥスク氏がワルシャワで、ウクライナのデニス・シュミハリ首相と会談したというニュースが流れた。ポーランドの農民はその前週、全土で大規模デモを繰り広げ（私の遭遇したデモもこの一環）、ウクライナとの国境を封鎖するという過激な行動に出ていたため、シュミハリ首相がトゥスク首相に会談を迫ったらしい。

記者会見の席でトゥスク氏は異常なほど舞い上がり、満面の笑みでシュミハリ氏と手が千切れんばかりの握手をしていたが、共同声明には空疎な文面が並び、案の定、その後も目立った進展はなかった。選挙の公約に、ウクライナとの農業問題の解決を公言していた氏にしてみれば、形だけでも成功を装う必要があったのかもしれない。

ちなみに、２０２３年12月に首相に就任したばかりのトゥスク氏は、超の付く親ＥＵ派だ。これまでの保守・伝統派のカチンスキー政権とは違い、ポーランドをグローバリズムに導こうと張り切っている。ところが、初っ端からＥＵに歯向かう農民デモで面目が潰れた。農業国ポーランドで農民に反乱を起こされては、足元が危うくなりかねない。

なお、これまでＥＵのやってきたことは、ロシアへの経済制裁にしろ、ウクライナへの経済や武器の援助にしろ、今のところ、自分で自分の首を絞めるだけの結果に終わっている。今回のウクライナの農産物の関税撤廃も同じで、これで東欧の農家が弱体化するなど、本来、あってはならないはずだ。

しかし、ＥＵのエリートの間には、独善的な綺麗事ばかりが蔓延しており、ＥＵをこれ以上、弱体化させないための努力など、ほとんど見られない。ましてや、一日も早い停戦を求める具体的な動きもない。「停戦を拒絶しているのはロシア側だ」という彼らの主張には、私は懐疑的である。

5　グローバルエリートが目指す「ＥＵ人」と「国民」の対立

ＥＵ人＝グローバルエリートと国民の乖離

現在のドイツのエリートには、ＥＵの幹部をはじめ、グローバリストが多い。彼らは、他のＥＵ諸国のエリートたちとの連帯で動いており、国益という観念や、国民感情は重視せず、国民を〝啓蒙〟することばかりを考えている。その結果、グローバルエリートの主張を信じる国民と、何かおかしいと思う国民の間で、急速に乖離《かいり》が進んだ。

思い返せば、グローバル政策を進めていく構図の中で、重要な役割を果たしていたのが、メルケル首相だ。氏はＥＵを有用な道具とし、「民主主義」や「連帯」という言葉を巧みに使って、ごく自然に各国の主権を縮小していった。

ＥＵでは、財政は各国がそれぞれにやっているのに、金融政策を欧州中央銀行が一括しているため、ユーロを使っている経済の弱い国は景気対策さえ打てない。はっきり言って、自国経済を活性する方法がないのである。それならいっそのこと、ユーロ圏を一つの国のようにして、財政も一括にやれば辻褄《つじつま》は合うが、それが容易に実現するとは思えない。

例えば、東京や愛知が、高知や鳥取といった税収の少ない地方を支え、同じ教育、同じ年金を保証するのは、同じ日本人だから当然だと皆が思っているが、もし、北朝鮮やミャンマーの人々の生活も支えなければならないとすると、どうなるかと置き換えてみれば、よくわかる。皆、「冗談じゃない！」と言うだろう。

ＥＵのお金を、全ての加盟国で比較的平等に分けるというアイデアはこれと同じで、当然、経済状態の良い国が嫌った。ドイツでも、「貧乏で金遣いが荒い親戚にクレジットカードを渡すようなもの」と、国民の抵抗が大きかった。

ただ、フランスやイタリアなど、経済が弱い割には政治力のある国々は、そうは思わない。彼らはドイツなど裕福な国のお金に目をつけて、是非ともＥＵでお金の再分配するべきだと考えた。そして、それを「ＥＵの連帯」という理由でうまく前進させたのが、よりによってドイツのメルケル首相だった。一度目は、まずはギリシャの金融危機の時、そして、二度目はコロナの時。氏は、巨大な巖《いわお》を動かしたのである。

EUは、すでにかなり綻《ほころ》びている。もともと、理念で結ばれている実体の希薄な集合体であったから、理想を語っている間はいいにしても、利害の対立が始まると、結束は崩れる。ただ、ユーロという通貨を使っている限り、皆、逃げ出したくても足抜けができない。イギリスがEUから脱退できたのは、通貨をユーロにしていなかったからだといっても過言ではないだろう。

思えばAfDは、2013年、EUの金融政策に反対する経済学者たちがつくった党だった。当初は、ユーロ圏からの脱退にも言及していた。

AfDを反EUを唱える破壊的な党と見るか、独善的なグローバルエリートから一般国民の利益を守ろうとする草の根保守の党と見るかは、意見の分かれるところだが、ユーロの欠点をいち早く指摘していた点は、先見の明があったと思う。

選んでいない政治家に支配されるEU市民

EUは31年前、冷戦後の平和への期待を胸に再編成された。しかし、今では綻びているだけでなく、腐敗も激しい。中でも腐敗臭がふんぷんなのはEUの大統領とも言える権力者、欧州委員会のウルズラ・フォン・デア・ライエン委員長だ。

欧州委員会（以後・欧州委）というのはEUの行政府であり、巨大な権力を持つ。加盟国27カ国の27人の委員で構成されており、それぞれがEUの大臣のような役割を果たす。その委員の中の一人が委員長となるが、２０１９年12月より、それをフォン・デア・ライエン氏が務めている。ただ、委員長の人選は選挙ではなく、実質的には欧州理事会（各国首脳の集まりで、EUで最高決定権を持つ）が決める。そして、その人物を議会に提案し、形だけは、欧州議会が選出したことにする。

EUでは、真に加盟国の国民が選挙で選出するのは欧州議会の議員だけで、そのほかの重要なポストは、たいてい利権と根回しで決まる。２０１９年の欧州議会選挙の後、本来なら欧州議会の最大会派であり、中道保守の政治会派「EPP」（欧州人民党グループ）の長であったマンフレッド・ウェーバー氏（CSU・キリスト教社会同盟）が、欧州委の委員長に就くはずだったが、ふたを開けてみたらフォン・デア・ライエン氏が座っていた。これも舞台裏で決まったことだ。ちなみにフォン・デア・ライエン氏は、強烈な権力志向の持ち主として有名である。

氏がニーダーザクセン州の政治からドイツの中央政治に躍り出たのは、当時のメルケル首相が家庭相に抜擢《ばってき》したからだ。その後、労働相を経て国防相となったが、興味深いことに、氏は総選挙では、2009年、13年、17年と、すべて落選している。しかし、名簿の上位に名前があったので問題なく議員となり、その後も、メルケル氏が常に重要ポストの大臣として起用した。

ただ、どのポストでも、インパクトのあるポーズで自分のPR写真を撮るのは上手だったが、国民のために働いた形跡はない。19年、欧州委員長という最重職に就いたのも、当時、欧州理事会にいたメルケル氏の後押しによるところが大きかった。メルケル政治のEU別働隊長とも言える。

このことからもわかるように、EUというのは、大して民主的な組織ではない。それでも、EUの決定事項は各国の法律より上になるので、5億人のEU市民は、自分たちが選んでもいない人間の影響下に否が応でも置かれてしまうわけだ。

ファイザー社とワクチン購入の秘密取引容疑

フォン・デア・ライエン氏は、家庭相、労働相、国防相を歴任したが、どこでも非常に評判が悪かった。ＥＵの重職に就いてからも、コロナワクチンの調達で失敗し、難民政策でも失敗した。それどころか今や、氏の首のまわりには、汚職、詐欺、越権行為、証拠隠滅、利益誘導などの容疑もぶら下がっている。そんな人が欧州委の委員長というのが、なんだか信じ難く、今ではポーランドやデンマークの議員が、氏に面と向かって辞任を要求している。

フォン・デア・ライエン氏に掛かっている一番の容疑はコロナワクチンに関することで、２０２１年に氏が勝手に米ファイザー社のアルバート・ブーラＣＥＯと、ワクチン購入について秘密取引をしたというもの。そのおかげでＥＵは、２０２２年、23年分として、18億回分のワクチンを購入することになったといわれる。もちろんこんなにたくさんのワクチンが必要なはずもない。

しかも破格なのは数だけでなく、値段もだ。欧州委はこれまで、ワクチンの購入値段を一切公表していないが、この時、本来なら権限のないフォン・デア・ライエン氏が根回しに励んだワクチン購入の総額は３５０億ユーロであったこと、しかも、これだけ大量に発注したのに、前回の購入に比べて、その単価が15・5ユーロから19・5ユーロに膨らんだことがリークされている。

その後、EUではワクチン熱は急速に冷め、納入分はすでに期限切れでほとんどが廃棄された。しかし後続分のキャンセルは不可で、たとえ受け取らなくても支払いは義務という契約だったという(ただし、製造されなかった〝幻のワクチン〟の価格は19・5ユーロではなく、10ユーロに値引きしてもらえるとか)。

この秘密の取引について最初に報道したのが米「ニューヨーク・タイムズ」紙で、同紙はフォン・デア・ライエン氏とブーラ氏の間で取り交わされたショートメールの公開を求めたが、欧州委は拒絶。その後、ドイツのジャーナリストもやはりその閲覧を申請したが、欧州委はそれも無視。そこで相談を受けたEU市民の全権委員が2024年7月、やはり同様の申請をしたが返事はなかった。

そこで2021年10月、腹に据えかねた緑の党の議員団が、欧州裁判所に訴えを上げた。翌22年9月、今度は欧州会計監査院がやはりショートメールの開示を求めたが、それも不発。翌月にはついに欧州検察庁が「同案件を捜査中」とする異例の発表となった。しかし噂によれば、フォン・デア・ライエン氏は、ショートメールは絶対に復元ができない方法ですでに削除してしまっているともいう。

もし、それが本当なら違法だが、実は氏には同様の前科がある。欧州委員長に就任する前の国防相時代、公募なしに破格の給料で大量の縁故採用をしたことが明るみに出ると、やはり証拠のメールを全消去して罪を逃れた。しかも、その後、あっという間にＥＵの重職に就いた。こちらはドイツ国内の摩訶《まか》不思議な密室人事だ。

しかも、24年5月24日、唐突に、フォン・デア・ライエン汚職事件の捜査が一旦中止で、12月6日まで延期されると発表された。6月の欧州議会選挙で、氏はＥＰＰの筆頭候補となっていたため、その選挙運動の邪魔をしないようにという優しい配慮であったことは間違いない。

そして、欧州議会選挙では、有権者は候補者ではなく、政党（あるいは団体）を選ぶだけなので、フォン・デア・ライエン氏は今回も、第1党となったＥＰＰの代表として、本人が有権者の支持を受けているかどうかはわからないまま、当然のように欧州議員の頂点に立った。

腐敗したＥＵが壊れてもヨーロッパは大丈夫

ただ、これだけではまだ、欧州委員会の委員長の座は確実ではない。前述のように、それを実質的に決めるのは、各国首脳の集まりである欧州理事会であるからだ。

そのため、フォン・デア・ライエン氏はすでに4月、イタリアの右派であるメローニ首相に急接近し、欧州理事会で自分に投票してくれるよう、根回しに励んでいた。ただ、EUは言うまでもなく、すでにかなり左傾化しており（せっせと左傾化を進めたのが、保守であるはずのフォン・デア・ライエン氏でもあった）、メローニ氏を極右のように扱っていたため、この行動は、緑の党や社民党など左派の政治家の目には裏切りと映ったらしく、〝EUの右傾を招く〟として激しく非難された。しかし、氏がその程度のことで怯《ひる》むはずもなかった（氏は結局、欧州理事会の推薦を得たが、メローニ氏が賛成したかどうかは不明）。

一方、欧州理事会で主導的立場にあったドイツとフランスも、また、違った意味で右派の台頭に脅威を感じていた。ル・ペン氏に追い詰められていたマクロン大統領は、5月26日より3日間、国賓として公式にドイツを訪問した（国賓訪問は24年ぶりのこと）が、奇しくも、その中身は一から十まで、同じく支持率の低迷で苦しんでいたショルツ首相との共同の選挙運動だった。

マクロン大統領が強調したのは、「ヨーロッパは弱っている。だからこそ独仏2カ国が協力して非民主勢力を駆逐し、民主主義を、そしてヨーロッパを救わねばならない」ということ。それに御用メディアが協力し、公共放送では〝ＥＵ〟〝民主主義〟と声援するサクラのような人たちを大写しにして、３日間の独仏親睦を感動的に演出した。

ただ、私に言わせれば、マクロン大統領は、自分が追い詰められていることを〝ヨーロッパが壊れる〟と危機感を持って表わしていただけだ。ショルツ首相も同様で、ＥＵや民主主義を肯定しては、自身の存在の肯定にすり替えようとした。

しかし、そもそもヨーロッパの国民は、たとえＥＵが壊れても、ヨーロッパが壊れるなどとは思っていない。彼らの抗議は、口では民主主義を叫びながら、実は、民主主義を破壊しかねない身勝手なＥＵの指導層に向かっていただけだ。もういい加減、腐敗政治家には退場してほしいというのが、多くのＥＵ市民の本音である。

6　ヨーロッパを取り戻すオルバン首相――EU全体主義との戦い

EU首脳に歯向かい、トランプを評価

ＥＵの首脳たちの集まりである欧州理事会では、理事長国は6カ月の輪番制で回ってくる。理事長国に当たった首相や大統領は、その半年の間にうまく指導力を発揮すれば、自分が重要だと思う懸案を実現することも可能だ。

6月に欧州議会選挙が終わり、２０２４年後半の理事長国はハンガリーの番だった。つまり、心機一転となったＥＵで、ハンガリーのヴィクトル・オルバン首相（フィデス党）の腕の見せどころとなるはずだった。

7月1日に理事長を引き継いだ翌日の2日、オルバン首相はキーウのウォロディミル・ゼレンスキー大統領を電撃訪問した。さらに5日には、今度はモスクワでプーチン大統領

と会見したため、ＥＵは爆弾が炸裂したかのような大騒ぎとなった。とりわけ、ＥＵのエリートたちのあわて方は尋常ではなかった。

ヴィクトル・オルバンとは何者か？

オルバン氏は１９６３年生まれで、ハンガリーの伝統を重視する保守の政治家だ。国民の支持は高く、しばしば５割を超える。１９９８年から２００２年、さらに２０１０年から現在まで４期続けてハンガリー首相。極めて知的で、冷静で、しかもヒューマニズムに富んだ人物だ。

ただ、氏の保守的で愛国的な思想が、左傾化の激しいＥＵ上層部としばしば対立し、ＥＵ首脳の爪弾《つまはじ》きになってすでに久しい。しかも、今回、欧州理事会の理事長となったオルバン氏が、〝Make Europa great again!（偉大な欧州を再び！）〟をスローガンとして掲げたため、ＥＵの指導者たちはのけぞった。ＥＵの政治家の間では、ドナルド・トランプ前大統領は完全に悪魔化されており、トランプ氏のスローガンの焼き直しをＥＵの目標とするなど、けしからん話なのだ。

オルバン首相は以前よりトランプ氏を高く評価しており、弱体してしまったＥＵを復活させるには、まさにこの〝Make Europa great again!〟が必要だと考えている。思えばＥ

U結成の元来の目的は、米国と旧ソ連に対抗できるヨーロッパ圏をつくることで、脱炭素でも、難民の無制限受け入れでもなかったはずだ。ちなみにオルバン首相は、トランプ氏が大統領ならウクライナ戦争は絶対に起こらなかったとも断言している。

現在、オルバン首相とEUの意見の相違はほかにも多々ある。例えば、氏はウクライナへの武器や資金のこれ以上の供与には断固反対。また、中東からの不法移民の受け入れ拒否、ロシアのガスボイコット反対、LGBTを広めるような教育を小・中学校で行うことは禁止等々。そして、これらの論点のほとんどが「ハンガリーvs.そのほかのほとんどのEU加盟国」という構図になっていた。

実は、EUにはつい最近まで、ハンガリー、ポーランド、チェコの右派トリオが存在したが、ポーランドとチェコで政権交代が起こり、現在はオルバン首相が一人で踏ん張っている（スロヴァキアもハンガリーと似たようなスタンスをとっていたが、5月、ロベルト・フィツォ首相が銃撃により重傷を負った。政治的動機による暗殺未遂と見られている。奇跡的に一命を取り留めたが、現在もまだ本格的に職務に復帰できる状態ではないという）。

そのため、オルバン氏はEUの足並みを乱す良からぬ人物の代表のようになっており、今やEUエリートに敬遠されているだけでなく、独裁者の汚名を着せられ、EUの規則を守らないとして罰金まで請求されている。

ちなみに、私は個人的には、オルバン首相が現在のＥＵの首長の中で一番優れた指導者だと思っており、それについては、著書『優しい日本人が気づかない残酷な世界の本音』（ワニブックス／福井義高氏共著）でも少し触れた。氏の主張の見事な論理性、ぶれない思想、深遠な歴史の知識、そして、数多《あまた》の首脳陣を敵に回してもびくともしない胆力は、ドイツや日本の政治家には、ちょっとやそっとでは真似のできないワザである。

もはや「極右」というレッテルは貼れない正当な政治勢力の誕生

さて、そのオルバン氏の言動が、最近とみに冴えていた。

２０２４年３月の米国訪問では、ホワイトハウスは素通りで、トランプ氏をフロリダの別荘に訪問。

その頃、ＥＵ首脳は米民主党べッタリで、皆でジョージ・バイデン大統領を囲んで踊っていたが、オルバン首相はその輪をあえて離れ、その後のインタビューでは「米国の政権交代は、米国のみならず、世界にとってプラスになるだろう」と述べた。

6月30日には画期的なことが起こった。ウィーンで、オーストリアのＦＰÖ（オーストリア自由党）のヘルベルト・キクル党首、チェコのアンドレイ・バビシュ元首相（ＡＮＯ２０１１）とともに、欧州議会における新しい右派の会派「欧州の愛国者」を結成したのだ。オルバン首相のフィデス党は、以前は、フォン・デア・ライエン氏が率いる欧州議会の最大会派、ＥＰＰ（欧州人民党グループ）に属していたが、意見の相違により２０２１年に脱会。以来、一匹狼だった。

しかし、オルバン首相は今、ＥＵ改革のために、早急に右派勢力を結集させる必要性を感じているらしく、「欧州の愛国者」の結成後、「愛国心のある政党はこぞって参加してほしい」と呼びかけ、同時に、フランスのル・ペン氏とイタリアのメローニ首相には、仲違いをやめるよう促した。

その結果、数日後には「欧州の愛国者」に、イタリアのサルヴィーニ氏の「同盟（Ｌｅｇａ）」、フランスのル・ペン氏の「国民連合」、オランダのヴィルダー氏の「自由党」など、名高い右派政党が次々と合流。「欧州の愛国者」はあっという間に欧州議会で3番目に大きな会派となった。数は力なり。こうなれば、これらの党は「極右」でも何でもなく、正当な政治勢力だ。なお、「欧州の愛国者」の代表は、30人という最多の議員団を擁するフランスの「国民連合」の党首、ジョルダン・バルデラ氏が引き受けることも決まった。そして、この直後、冒頭に記したオルバン首相のゼレンスキー、およびプーチン訪問というサプライズが続くのである。

思えば、これまで多くの政治家がＥＵの改革を叫んできたが、具体的な進展はなかった。ましてやウクライナ戦争における和平への努力などＥＵ首脳の誰も着手さえしていない。それらをここまで緻密に計画し、一歩一歩、着実に実行に移していく手腕のある政治家が、ハンガリーという小さな国に潜んでいたなどと、誰が想像したことか！

いずれにせよ、オルバン氏が、今こそがＥＵ改革の潮時であると見ていることは確実で、おそらくそれは正しいのだろう。「ウクライナ戦争はこれから数カ月、さらに熾烈に、さらに残酷になる」と氏が主張したのが７月６日。それが米国の大統領選挙と関連していることも示唆していた。

確かにその後、米国では突然、箒《ほうき》で掃くようにバイデン大統領を片づけたと思ったら、ウクライナはほとんど玉砕にも見えるロシア攻撃にのめり込み始め、ＥＵもそれを応援している。一方で、ウクライナのルステム・ウメロフ国防相がロイド・オースティン米国防相にペンタゴンに呼びつけられたり（８月29日）、英米の国務長官、および外相が連れ立ってキエフを訪問したり（9月11日）、動きがあわただしくなっている。オルバン氏は何かを感知しているに違いない。

いずれにせよ、そのオルバン氏と犬猿の仲であるのが、フォン・デア・ライエン氏である。EUの改革の手始めは、まずは欧州委員長続投が決まった氏の力を削《そ》ぐことではないか。前述のように、彼女ほど強権を行使し、EUのお金をザルのように使い、EUを弱体化させ、しかも、EUの平和を損ねている政治家はいない。しかし、ブリュッセルのEUエリートたちは、自らの保身も兼ねて、依然として氏を庇《かば》い続けている。

対プーチンで真逆の姿勢

さて、本節冒頭に記した通り、ゼレンスキー大統領に会った3日後、モスクワに飛んだオルバン首相は、プーチン大統領に笑顔で迎え入れられた。「プーチンは対話をする意思などない」という西側の主張は、これによってあっけなく崩れた。プーチン大統領を国際裁判所で一方的に裁き、EUに入ったら逮捕だとして、プーチン大統領抜きでウクライナ支援会議をしていたのは欧米側だ。

プーチン大統領との会談後、ドイツのジャーナリストからインタビューを受けたオルバン氏は、自身の行動を「平和を取り戻すためのミッションである」と語った。「ブリュッセルで心地よいソファに座って話し合っても、平和は訪れない」と。

オルバン氏は、和平交渉の結果として停戦に到達するのではなく、まず、期限付きの停戦を実施し、それから和平交渉をするよう提案していた。そうすれば、早く戦争を終了させたいという力がより強く働くと、氏は言った。

いずれにせよ、一刻も早く戦争を終わらせるために、ＥＵは一致協力して、戦争支援ではなく、戦争終結に向かうよう尽力しなければならない。誰に正義があるかなどということは、今、論議すべきことではない。何よりも大切なのは、これ以上、命が失われないことだというのが氏の強い主張だった。

ところが、このモスクワ訪問のニュースが流れた途端、ＥＵ幹部やドイツの政治家、そして主要メディアによる激しいオルバン攻撃が始まった。欧州委員会のフォン・デア・ライエン委員長はＸに、「宥和政策はプーチンを止めない」「ＥＵが結束することだけが、ウクライナに恒久的な平和をもたらす」とバッシング。結束を乱すオルバン氏はＥＵの裏切り者だと言わんばかりだった。

また、ウクライナへの武器供与を誰よりも強く主張し続けてきた自由民主党のアグネス・シュトラック＝ツィマーマン氏は、「オルバンが戦争犯罪者のプーチンを訪問」「EUの理事長国という役職を売名のために濫用」など、やはり（おそらく会談の内容は知らずに）バッシング。

一方、ショルツ首相は、「EUの外交はシャルル・ミシェルが行う」と、オルバン首相には何の権限もないことを主張。つまり、氏のロシア訪問はEUの意志とは無関係であるということだ。同じくNATOのイェンス・シュトルテンベルク事務総長も「オルバンはNATOの意見を代表していない」とのコメントだった。

彼らの怒りは、自分たちが武器を供与するだけで、終戦への努力をしていないことが暴かれた恨みのようにも見える。あるいは、戦争が終わってしまうかもしれないことに対する〝危機感〟か、あるいは単なる縄張り争いか？

バッシングはメディアも同じで、オルバン氏を「プーチンの操り人形」とバカにし、「今後、欧州理事会での会議では、オルバン氏がプーチン大統領に告げ口する可能性があるから気をつけろ」などと警告する米国人ジャーナリストもいた。ウクライナ戦争終了のために努力することは、すでに悪事である。

戦争を終わらせるオルバンのシナリオ

ただ、ＥＵの政治家やＮＡＴＯの事務総長が、いくらオルバン氏の行動はＥＵともＮＡＴＯとも関係ないと主張しても、ロシア側はオルバン氏を丁重に扱っており、瀟洒《しょうしゃ》な部屋でプーチン大統領とオルバン氏が並んで座り、それを囲むように両国政府の要人が着席している映像は、ドイツのニュースでも流れた。プーチン大統領の横にはセルゲイ・ラヴロフ外相もいたから、まさに豪華メンバーだった。

しかし、それでも、政治家やメディアは、オルバン氏の主張にも、氏がモスクワでプーチンと何を話し合ったかについても、ほとんど言及しなかった。

ちなみに、この会見については、「ビルト」紙のジャーナリストが、６日にブダペストでオルバン氏を待ち構えるようにして物にした長いインタビュー映像が公開されている。このときインタビューをしたジャーナリストはあまりにもお粗末だったのだが、それだけにオルバン氏の突出した能力がよくわかる貴重なビデオであるとも言えた（https://www.youtube.com/watch?v=7DaVBp3IUO0）。

なお、オルバン氏はこのインタビューで、サプライズは翌週も続くと予告していたが、まさに2日後の8日、今度は北京に飛び、習近平と会った。和平ミッションの続きだ。オルバン首相によれば、戦争は、米国とNATOと中国が止めようと思えば、〝必ず終わる〟。奇しくもそのNATOは9日より、アラスカで大々的な軍事演習をした。

一方、ワシントンでは、NATO創立75年を記念して10日に大式典が開かれ、NATO加盟国の全首脳が集合。もちろん、オルバン氏が手にしているプーチン大統領と習近平国家主席に関する情報が、ここで話題にならなかったはずはない。要するに、全てはオルバン氏のシナリオ通りだ。

とはいえ、オルバン氏の努力が実るかどうかは、わからない。しかし、たとえ結果がどうであろうと、氏の行動は試みる価値があるものだ。ドイツでは、武器の供与ではなく、停戦の交渉を求める国民がすでに7割を超えていた。EUの新しい会派「欧州の愛国者」のメンバーも、皆、停戦派である。

EUはきっと変わる。オルバン氏は、そんな希望を私たちに与えてくれる。オルバン氏のことを反民主的だと罵倒《ばとう》するEUの首脳らは、自分たちの支持率を見ながら、誰が民主的なのかをよく考えてみるべきではないか。

ハンガリーに対する「制裁」

ただ、実際には、ＥＵエリートたちは反省とは無縁だった。特にフォン・デア・ライエン氏の怒りは収まらず、ブダペストで開かれる24年後半の第1回ＥＵ首脳会議をボイコットすると言い出した。さらに、その後、やはりハンガリーで次々と開催される予定の重要な閣僚会議もボイコットするよう、各国に呼びかけたのである。

その案にすぐさま賛同したＥＵの外相にあたるジョセップ・ボレル上級代表は、ブダペストで外務閣僚会議が開かれる同日に、ＥＵ本部のあるブリュッセルでもう一つの外相会議を開くことを発表。つまり、正しい考えの持ち主である閣僚は、ブダペストには行かず、ブリュッセルの閣僚会議の方に参加しろというわけだった。これは踏み絵だろうか？　あるいは小学生の喧嘩？　いずれにせよ、ＥＵの分断を煽る行動だ。

一方、ＥＵの内務閣僚会議は7月22日、予定通りブダペストで開かれたが、参加した大臣は、ベルギー、ルクセンブルク、オランダ、オーストリア、ルーマニア、スロベニア、クロアチア、イタリア、スロヴァキアの9カ国のみで、あとの17カ国は官僚を送り込んだ。

強硬な反オルバンを貫いているのが、スウェーデン、フィンランド、ポーランド、デンマーク、そしてバルト3国だ。ドイツは案の定、党内の意見がバラバラで、政府としての見解を固めることができなかった。

一方、ブリュッセルではその日、EUの外相たちがアドバイザー抜きで集まり、ハンガリーに対するいわゆる「制裁」について話し合った。お互いに拍車を掛け合っているのか、オルバン攻撃がどんどん過激になっていくようだ。参加していたハンガリーの外相は、文字通り、血祭りに上げられたというが、ハンガリーの政治家は皆、頑丈だ。

ただ、そんな中でルクセンブルクの外相のように、「オルバン首相をボイコットしたり、無視したりすることは誤りである」として、ハンガリーとの対話の重要性を説いている政治家も、もちろんいる。EUの閣僚や議員の全員が、フォン・デア・ライエン氏に従っているというわけではないのだ。

EUの分断は進むのか、止まるのか

それがはっきりと示されたのが、欧州議会で18日に行われた、フォン・デア・ライエン氏の委員長就任を決める投票の前に行われた各会派のスピーチだ。氏に対する敵意を一番強烈に剝《む》き出しにしたのが、ポーランドの若手議員、エワ・ザヤツコフスカ＝ヘルニク氏だった。

極右と言われている政党に属している女性（34歳）だが、「あなたの居場所は刑務所であり、EUではない（ワクチン購入問題）」とか、「ポーランド国境を守るすべての兵士に頭を下げるべきだ（難民問題）」と、10メートルも離れていないところに座っていたフォン・デア・ライエン氏を罵倒。その場で、「グリーンディール」と「移民協定」と書かれた紙をビリビリと破り捨てるというパフォーマンス付きだった（https://www.youtube.com/watch?v=j3PY37ac8YM）。

あまりに凄かったので、翌日、ポーランドの新聞を覗《のぞ》いてみたら、彼女を「欧州右派の女王」と称える人々と、「ポーランドの恥」と批判する人々に、真っ二つに分かれていた。まあ、予想通りだ（Ewa Zajączkowska-Hernik do Ursuli von der Leyen: "Powinna pani trafić do więzienia"〔EUractiv／2024年7月18日付〕）

また、6月の終わりにオルバン氏の提唱でできた右派の新会派「欧州の愛国者」の代表を務めるフランスのバルデラ氏（国民連合）は、「今回の選挙で分かったことは、ヨーロッパの人々が自分たちのアイデンティティと民主主義、そして、伝統、農業、生活を守りたいということだ」として、やはりフォン・デア・ライエン氏の政策を強く批判した。

なお、ドイツ内の反応はというと、AfDのヴァイデル党首は「(フォン・デア・ライエンの再選は)ヨーロッパにとって致命的な決断」、BSWのヴァーゲンクネヒト党首も「大きな誤り」とし、改めてコロナワクチン購入に関する情報の開示を求めた。

しかし、当のフォン・デア・ライエン氏は馬耳東風《ばじとうふう》。「一番重要なのは、豊かな生活と、国際競争力の強化と、ヨーロッパの統一である」と豪語しつつ、十八番の「グリーンディール」も続行するつもりだ。ちなみに、これは緑の党のドグマでもある。さらに、「議会に巣くうデマゴーグや過激派とは断固戦う」とか。これは、保守(右派)叩きの宣言だ。

ただ、どう見ても、「グリーンディール」や「移民協定」が、今後もEUの国民に支持されるとは思えない。また、氏がこれまで通り権力と利権の拡大に励むのを、EUの国民が引き続き見過ごしてくれるはずもない。今後のヨーロッパの浮沈は、これまでの国民無視のEU政策が、どの程度修正されるかに掛かっている。

ヨーロッパが復活するか、あるいはさらに沈下するか? 国民の分断が進むか、止まるか? フォン・デア・ライエン氏の責任は極めて重い。はたして、氏はそれがわかっているのだろうか。

第3章

非科学的で不合理だった「脱原発」と「再エネ」

1　脱原発・再エネ推進で衰退する「経済大国ドイツ」

電気料金が高騰する中、石炭火力7基をストップ

２０２４年4月1日、ドイツは新たに7基の石炭火力を止めた。これを主導しているのは、経済・気候保護省（以後・経済省）のロバート・ハーベック大臣。ドイツ政府はメルケル政権時に２０３８年までの脱石炭を決めたが、緑の党は当時、それでは遅すぎるとクレームをつけ、２０３０年までにすべての石炭火力を停止することを主張した。

現在の社民党、緑の党、自由民主党の連立政権が成立したのは２０２１年12月で、その時、緑の党のたっての要求で、「理想としては２０３０年に脱石炭」という文言が政府の連立協定書に書き込まれた。つまり、現在、ハーベック氏はその方針に従って、１基、また１基と、石炭火力発電所を停止していっている。

ただ、現実問題として、ドイツは23年4月15日で原発が1基もなくなって以来、電気の供給不安が大きな問題となっている。当然、電気料金も高騰し、それが経済に悪影響を与えている。3月6日にifo経済研究所が発表した景気予測によれば、「他国では国民のあいだの雰囲気も良く、先行きに対する不安感が少なく、すでに2023年秋頃より、当該の指数なども上向き傾向を示している」のに比べて、ドイツ経済は「麻痺した状態」だという。要するに、ドイツだけが完全に落ちこぼれている。

脱原発、脱石炭の次は「脱産業」が始まる

ところがハーベック経済相は、国家経済がどうなろうがお構いなし。2023年、産業界からの反対の声を無視して、無理やり原発を止めたのも氏だったが、今でも、脱原発は良いことだったと思っており、だから、それと同じぐらい良いことである脱石炭も、緑の党が政権にいる間にできる限り進めようと必死だ。

いや、それどころか、全土に張り巡らされているガスの導管まで次第に撤去し始めているところを見ると、自分たちが政権から降りた後も、脱炭素の方針は絶対に後戻りができ

ないように念を入れているわけだ。紛れもなく、国民の財産の破壊である。

しかも、その後の電力やガスを何で代替するかということについて信頼できるプランはない。ちなみに現政権（社民党、緑の党、自由民主党）の支持率は、2024年9月現在、3党をすべて合わせても30％に満たないという惨状で、国民の支持はほぼ失われてしまっているといっても過言ではない。

そんな中、電気やガスを多く使う大企業が、現在、大あわてで生産工程を国外に移転しているのは不思議でも何でもない。この調子では、脱原発、脱炭素に続くのは、どう考えても脱産業だ。しかも、これらは誰にも強制されたわけではなく、ドイツが自らのイデオロギーに基づいて自発的にやっている。ロシアの安いガスの輸入を止めて困難に陥っているのも、ロシアに経済制裁をかけるとして勝手にボイコットしているのだから、やはりホームメイドである。

ただ、電気が足りない時のために置いてある予備の発電所は旧式の褐炭《かったん》火力が多く、しかも現在、それらを立ち上げなければならないことが多いため、当然のことながら、CO_2の排出は減らない。さらにもう一つ言うなら、ドイツのCO_2の排出量は世界全体の2〜3％なので、少々増えようが、減ろうが、あるいは、ゼロになろうが、地球環境にはほとんど影響はない。そもそも本当にCO_2を削減したいなら、なぜ、原発を止めたのか。いったいドイツ政府は何をしたいのだろう？

しかし、無策の責任を、現政権にだけ押し付けることはできない。なぜなら、これらのほぼ全てはメルケル政権の時に決められ、始められたことだからだ。それを現在の政府が、あたかも国家の衰亡を期すかのように、果敢に実行しているのである。

無知をさらけ出す経済相

ハーベック氏は、脱原発を強行した時と同じく、脱炭素でも「世界にお手本を示す」と思っているのかもしれないが、今回もどの国もついてこないだろう。代替案のない脱炭素など、どう見ても馬鹿げている。

ただ、誰が何と言おうが、ハーベック氏の暴走は止まらず、現在の経済の停滞も、何か別のことが原因だと信じているようだ。例えば、電気が足りないのは「風車の建設や送電線の建設が滞っているからだ」として、次節で述べるように、現在3万基ある風車を少なくとも10万基に増やそうとしている。ただし、ここでも、風のない時の解決策はまだない。

そもそもドイツは伝統的に石炭で栄えてきた国で、西部のルール炭田地域にしても、あるいは東部のラウジッツ地方にしても、炭鉱を核とした100年来の一大工業地帯が形成されている。使っている石炭は、今では輸入炭も多いが、そんなことは問題ではない。要は、これほど性急に石炭を放棄して、この産業構造を維持できるかどうかということだ。

実際には政府も、電気が足りないという現実は如何《いかん》ともし難く、製鉄、そのほかに使うエネルギーを確保するため、躍起になってガス火力発電所の建設を進めようとしている。ハーベック氏は、それらガス火力は、将来、燃料を水素に切り替えるので、脱炭素の目標は達成できると言い訳めいたことを言っているが、まずはガスも不足しているし、将来の水素など、今のところ全く実態のない話だ。投資家は、そのような先行きの見えないものは、当然、敬遠する。つまり、政府があらゆる補償をつけて、ようやく進むかどうかという覚束ない状態だ。しかも、ハーベック氏の思い通り強引にことを進めれば、まずはエネルギー不足で、工業地帯が壊滅状態となる。溢れる失業者を吸収するための代替産業の誘致など夢物語に過ぎない。つまり、ハーベック氏の計画は、一から十まで矛盾だらけだ。

ハーベック氏には、無知を曝《さら》け出すような稚拙《ちせつ》な発言も多い。例えば2022年9月、ウクライナ戦争が始まって最初の冬を迎えようとしていた頃、ARD（公共第一テレビ）のトークショーで司会者が、「今冬に倒産の波が予想されるか？」と質問したのに対し、氏は「ノー」と断言し、「しかし、いくつかの業種が生産を止めることは想像できる」と真剣な面持ちで付け加えた。

偶然にもこの番組を見ていた私は耳を疑い、司会者も何度も問い直したが、氏は「生産を止めても、それは倒産ではない」という珍説を曲げることはなかった。ドイツ国の経済相が、よりによって経済の仕組みをよく理解していないのだ。

それから1年半が過ぎた2023年2月、政府が過去2年続きのマイナス成長を報告した翌日、国会で野党議員にそれについての指摘を受けたハーベック氏は、「数字が悪いだけだ」と言った。つまり、経済状態は悪くない。議事堂内が図らずも大爆笑になったが、笑いごとではない。ただ、「企業は生産を止めるが、倒産ではない」という先の発想と、合致していると言えば言えた。

CO_2排出量が前年比で10％減った笑えない理由

2024年3月15日には、政府は2023年のCO_2の排出量が、前年比で10％減少したと発表した。一番減ったのは発電部門で、なんと20％。

喜んだハーベック氏は記者会見を開き、棒グラフが表示されたパネルを手に、「ドイツは2030年の気候目標を達成できるだろう」と興奮気味に報告。そして、（公共第一テレビの言葉を借りるなら、）実に〝誇らしげに〟、「これこそがわれわれの政治の成果だ」とカメラの前で言い放った。

発電部門のCO_2が減った理由はいくつかある。電気の輸入が増えており、それら外国での発電分のCO_2がドイツには計上されていないこともその一つ。また、暖冬や、電気料金の高騰に恐れをなした国民の節電努力。

ただ、何といっても一番の理由は、エネルギー多消費の産業が生産を縮小したり、国外に生産拠点を移したり、あるいは倒産してしまったことによる。電力の消費は景気の指数なので、不況になれば必ずCO_2は減る。間違っても、喜べる話ではない。

それでも政府はいまだにCO_2ゼロ達成のための締め付けを強化しており、ドイツは次第に自由経済の国から計画経済の国に変わりつつある。つい最近、ハーベック氏が宣言したのは、「電気の供給に合わせた産業活動」である。これは、再エネ100％を目指すドイツの行き着く先とも言える。つまり、太陽と風に恵まれ、電気がたくさんあるときは生産を増やし、そうでないときは減らす。緑の党の面々は、これこそ自然に寄り添った理想的な産業活動だと思っているようだが、はっきり言って、これでは産業革命前に逆戻りだ。

電気が安価で、供給が安定していることは先進国の条件であるが、ドイツ政府はそれを放棄し、そのうち電気を配給制にするつもりだ。これは、自然に寄り添った経済というよりも、まさに計画経済の欠点の集約である。そして、一つ確実に言えるのは、計画経済は必ず失敗するということ。

ドイツ企業を中国進出に追い込む無策な政府

その証拠に、過去1年を振り返っただけでも、これまでドイツ経済を支えてきた優良企業の多くがドイツに見切りをつけ、去っていった。あるいは去りつつある。

例えば化学業界世界最大手のＢＡＳＦは、１００億ユーロ（約1兆５８００億円）を投じて中国広東省に巨大な生産拠点を建設した。自動車メーカーのフォルクスワーゲン社は、ドイツで計画していた電気自動車の製造はご破産にしたが、中国の安徽省にある工場の拡張には25億ユーロを投じる。メルセデス・ベンツ、ＢＭＷもＥＶシフトが進む中国市場への投資を強めているし、そのほかも挙げればキリがない。雇用は、雪崩《なだれ》のような勢いで崩れつつある。それなのに、ショルツ首相は何を勘違いしたのか、「ドイツ企業が国外で投資することは良いことだ」と的外れのコメントを出した。

一方、ハーベック経済・気候保護相は、自動車産業が外国に出ていく様子を見て、「自動車産業には、ドイツの産業立地を守る責任がある」と、これまた的外れの批判。資本の流出は、政府が立地条件を壊したために起こっているという自覚がまったくなく、すべて他人のせいだ。

なお、8月29日には7つの州の首相が、これ以上の産業の崩壊を防ぐため、すでに世界一高くなってしまったドイツの産業用の電気料金を数年にわたって抑えるよう、政府の介入を強く求めた。それに対して政府がどう対応しているかというと、イエスの緑の党と、ノーの自由民主党と、優柔不断な社民党で、いつものことながら党内抗争。このままではいかなる救済措置も手遅れになる可能性が高い。

ドイツは政府だけでなく、すでに全体としても機能不全だ。ドイツの一人勝ちと言われていた時代、産業界は輸出で大いに潤《うるお》ったが、政府は内需に力を入れず、インフラ整備を無視した。そのため、今では道路も橋も鉄道もボロボロで、8月30日にDifu（地方自治体の都市計画について研究するドイツ最大のシンクタンク）が発表したところによれば、それらの改修には2030年までに3720億ユーロが必要とのこと。しかし、そんなお金は、現在の政府のどこを振っても出てこない。そうするうちに、2024年9月11日には、ドレスデン市の中心部にある重要な橋が自然に崩落するという信じ難い出来事まで起きた。

つまり、今後のドイツの没落は織り込み済みだ。端的に言えば、現政権はエネルギーを絞り、故意にドイツを脱産業に導いている。

日本はGXにのめり込むな

現在、ドイツが抱えてしまっている数々の問題の根は、16年間のメルケル政権に負うところが多いが、ちなみに、その4期16年のうち、3期12年間は社民党が連立で政権に加わっていた。それどころか、現首相であるショルツ氏は前政権では財務相だったため、前政権の政策の間違いを指摘し、修正することにも消極的だ。

さらに、肝心の政治家たちも私利私欲で固まっていて、抜本的には動かない。何にどれだけのお金がかかろうが、どうせ他人のお金と思っているかどうかはわからないが、国民の不満を抑えるための補助金なら、いくらでも出すというのが、彼らの〝政策〟である。ただ、問題は、それが持続的な経済の改善には全く役に立っていないこと。さらに言えば、現在のドイツ政府はお金のバラ撒きが過ぎて、来年の予算も決まらないほどの金欠となってしまった。

翻って日本。日本政府はいまだに、不毛なGX（グリーントランスフォーメーション）を戴いている。ドイツの没落の原因は、まさにこの間違った環境政策にあるというのに、なぜ、よりによってその二の舞を演じようとするのか？　日本には緑の党はなく、ハーベック氏はいないと思っていたが、喜んでハーベック氏を演じたい政治家がいるらしい。

GXは一定の再エネ企業を潤《うるお》すが、国民を豊かにすることはない。また、本当の意味で環境に資することもないだろう。端的に言えば、GXで豊かになるのはドイツでも日本でもなく、中国だ。だからこそ日本がすべきは、GXにのめり込まないこと。まずは景気の向上のため、太陽や風に左右されない確実で安価なエネルギーの確保だ。

それがなければ、悲惨な状況であるドイツからさえも、世界3位の経済大国の座は取り返せない。さらに言うなら、日本はドイツに抜かされたのではなく、自分で坂道を駆け降りているのだということにも早く気づいてほしい。

2　無風問題未解決でも驀進する「風車大増設計画」

経費は国民が電気料金で負担

2023年5月23日、ハーベック経済・気候保護相が「陸上風力戦略」なるものを発表した。

ドイツでは、風力は再エネの中では比較的頼りになる電源として、政府の期待を一身に背負っており、すでに陸海合わせて約3万本の風車が建っている。しかし、風車新設のピークは2017年で、以後は年々減っていた。

そこでハーベック氏は、大臣に就任してまもない2022年初頭、風車建設のピッチを上げることを宣言。

2023年5月の新目標はそのダメ押しのようで、陸上風力の設備容量を2030年に

115ギガワットに、2035年には160ギガワットに増やすつもりだ。

ただ、設備容量というのは、適度な強さの風が吹き（強過ぎても弱過ぎてもダメ）、風車が100％の能力を発揮した時の1時間当たりの出力。つまり、実際の発電量とは異なるのだ。

2023年の風力発電の設備容量は58ギガワット弱だったので、ハーベック氏の目標を達成しようと思えば、2023年から毎年10ギガワット近くの新設が必要になる。そして、設備容量を年間で10ギガワットずつ増やすためには、2023年より7年間、毎日5・8基の風車を建設しなければならない（大手経済紙「ハンデルスブラット」）。誰がどう考えても不可能である。

しかし、ハーベック氏は、2022年の新設が一昨年に比べて2割増の2・1ギガワットだったこと、また、2023年の第1四半期の建設認可数が前年比6割増だったことなどを挙げ、すでに成功の兆候が出ていると言い張った。ただ、実際の発電量はというと、年間で平均すると、風車の場合、設備容量の2割に過ぎない。

つまりドイツでは、風車が3万本近く立っている現在でも、全発電量における風力電気の割合は9％ほど。風車は止まっているのが常態だといわれる所以だ。しかも、そもそも、風車がたとえ10万本あっても、風がなければ発電はゼロだ。

ところがその反対に、全国的に適度な風が吹いた場合には、3万本近い風車が突然、能力をフルに発揮するため、何十基もの原発にスイッチが入ったような状態になる。その場合、送電線にはそれだけの大量の電力を受け入れる能力はないため、送電線を保護するため、過剰な電気は瞬時にどこかに流さなければならなくなる。

そこで、安価で、時にはマイナス価格で外国に出すのだが、それでも捌《さば》けない場合は、発電事業者に補償を払って風車を止めてもらう。そして、どちらの経費も最終的に国民が電気料金で負担している。

風が吹いても止んでも電気料金は上がる

この不具合は、風だけでなく、もちろん太陽光でも起こる。例えば、2023年5月28日、29日は日曜日と祝日で、風は弱かった。ただし、全国的に快晴。そこで、工場が動いていなかったにもかかわらず、240万枚近い太陽光パネルがフル稼働したので、両日とも正午には、太陽光電気が需要のほぼ8割を占めた。

ドイツでは法律で、再エネは優先的に買い取られることが決まっているので、こういう日には、ガス火力も石炭火力も、できる限り出力を下げることを強いられる。ただ、日が陰《かげ》ったら瞬時に立ち上げなければならないので、止めてしまうわけにもいかず、結局、コストだけが嵩《かさ》む。また、電気のダブついている時は、電気の値段が暴落するから、どのみち採算も合わない。

つまり、この時も、正午の電気の市場値段は、日曜日は1メガワットアワー当たりマイナス130ユーロ、月曜はマイナス109ユーロという負の値段になった。つまり、余った電気を輸出するために、お金を付けるということだ。

不幸中の幸いは、両日ともそれほど風が吹かなかったこと（29日の正午の風力電気はたったの4ギガワット）。しかし、夏には、太陽が照って風が吹くという日は増える。ちなみに5月は、マイナス価格で電気を売った日が、なんと8日間連続で続いた。

つまり、これ以上風車を増やすと、マイナス価格による経済負担はもちろんのこと、需要と供給を調整するための介入にも膨大なコストがかかる。しかも、調整はそうでなくても複雑で、お天気任せの電源が増えれば、さらに困難になる。要するに、風が吹いても止まってもお金がかかるのだが、これらのコストは最終的に電気料金に乗せられ、産業、および国民が負担する。いずれにせよ、今のままでは電気料金の下がる見込みは全くない。ところが、その問題をどう解決するつもりなのかを、ハーベック氏の口からは一度も聞いたことがない。それどころか、「陸上風力がエネルギー供給の鍵」だとして、問題などまるで世の中に存在しないかのようだ。

現在、ハーベック氏は各州に、面積の２％を風車の建設に充てるようにと強く要請し、また、認可の簡素化も指導している。さらに法律も改正し、これまで住民が起こしていた建設反対の訴訟も素早く片付けられるようにするつもりだ。これ自体がすでに民主主義に逆行しているが、風車の建設は善であるとする政治の強い意志によって、強引に進められていく。

ただ、風車の建設に残された今後のハードルは、やはり立地だ。これまで、一番たくさん風車が建てられたのは２０１７年で、年間６ギガワット弱の新設を記録した。当然のことながら、風車は、一番風域が良く、建設しやすい場所から建てられていったので、問題は、今後、どこに建てるかだ。

風車はどんどん巨大化している。今や支柱は１００メートル、一枚の羽の長さが60メートル以上というものも珍しくない。

風車の建設が滞っている原因とは

現在、立地に関する規制はどんどん緩和されてはいるものの、それでも集落のすぐ横に、そんな巨大な物を建てることはできない。しかし、人里離れたところに建設するとなると、風車の部品をそこまで運ぶのが一苦労だ。

支柱の方はいくつかに分けられるが、羽はそのまま運ぶ。長さ60メートルにも及ぶ超重量貨物なので、夜中に一般道路やアウトーバーンの一部を封鎖して、特殊車両でゆるりゆるりと運搬する。しかも、運ぶ物はそのほかにもたくさんある。風車を設置するための超重量級のクレーン、風車の基礎部分の工事のための多量のセメントやそのほかの重機等々。最近は、風車が山の上の方や、森の中に立っているのを見かけるが、そういうケースでは、現場までの道路や橋を一からつくることもあるという。いずれにせよ、風車1本建てるのに、特殊輸送車が少なくとも10回は往復する。その車両のお値段が750万ユーロ（約10億円）というから、輸送コストも推して知るべしだ。

なお、これらの輸送には当局の許可が必要なのだが、ドイツのお役所仕事は悪名が高い。

許可に時間がかかり、輸送の期日に間に合わず、運送会社が施工主にペナルティを請求されるということが、ここ数年、しばしば起こったという。

そのため、リスクを嫌った多くの運送会社が引いてしまい、それも、風車の建設が滞った原因の一つだったと言われる。そこで、ハーベック氏が政治介入し、2023年はどうにか風車の建設が増えたというわけだ。

ただ、今後もそれが続くかどうかはわからない。投資額が大きいだけに、投資家にしてみれば、いったいそれに見合う利益が得られるのかどうかという問題がつきまとうからだ。

風況が良いのはドイツの北部で、特に海沿いは比較的安定している。当然、風車が急増しているのが、北海に面したニーダーザクセン州と、バルト海に面したシュレスヴィヒ＝ホルシュタイン州。海沿いではないが、ライン川が流れるノートライン＝ヴェストファーレン州も結構多い。いずれも平地で、水利が良く、輸送が比較的容易という共通点がある。

それに比して、産業の発達している南ドイツの裕福な2州、バーデン＝ヴュルテンベルク州とバイエルン州では投資が進まない。決定的な原因は、内陸で風が弱いことだが、風車が本当に環境のために役立つのかどうかという懐疑的な声もかなり多い。

バイエルン州は保守のCSU（キリスト教社会同盟）が州政権を握っているが、特に彼らは風車による景観の乱れをひどく嫌っている。だからかどうか、余計に認可が滞り、建設が遅れる。2022年、バイエルン州でつくられた風車はたったの14基だったというから、緑の党にしてみれば、まさにスキャンダルのレベルだ。

緑の党の目的は「CO_2削減」ではなかった

ただ、風車をどんどん増やせば心置きなく火力を停止できて、緑の党の思い描いているような再エネ100%の理想社会に近づけるのかというと、そうはいかない。一番のネックは、当たり前のことだが、風を人間がコントロールできないこと。

2021年、風が非常に弱く、折しもドイツは、原発、石炭・褐炭火力を軒並み減らしていた最中だったので、必然的にガスに需要が集中し、ガスの値段が上がっていた。その後、2022年にウクライナ戦争が始まり、ガスの逼迫《ひっぱく》、および高騰が問題になったが、実は、問題はもっと前からあったのだ。かといって、将来の有望な電源と目される水素は、掛け声だけは勇ましいが、まだ商業ベースにはほど遠い。

そこで、ハーベック氏の「陸上風力戦略」なるものが出てきたわけだが、何のことはない、風のない時は、ガスだけでなく、残っている褐炭や石炭火力を稼働するのだから、今や、ドイツはＥＵで、ポーランドと並んでCO_2排出の多い国になってしまった。ただ、ポーランドは現在、原発の建設に前向きなので、そのうち、ドイツだけが置いてきぼりになる可能性は高い。

なお、送電ネットワークの運営者はかねてより口を揃えて、脱原発と脱石炭を同時に行うと電力供給が保障されないと警告していたが、それについては真面目な議論さえなされなかった。それどころか、スベーニャ・シュルツェ元環境相（社民党）は、小型の次世代型の原発など「お伽噺《とぎばなし》」だと切り捨てた。

そうは言っても、原発を再エネで代替することが無理だというのは、皆がわかっていたことだ。だから今、化石燃料で代替せざるを得ないのだが、これでCO_2が増えることも、もちろん皆がわかっていた。

そもそも、本当にCO_2の削減が目的なら、先に石炭火力から止めていき、原発と再エネで釣り合いを取りつつ、本当に原発を代替できるクリーンな電源や技術を、時間をかけて開発していくべきだった。それをしなかったということは、要するに、緑の党の目的は、CO_2の削減ではなかったということだ。

しかし、今さら何を言っても遅い。緑の党がエネルギー政策を仕切っている限り、電気料金は高止まりで、電気の供給は綱渡りが続く。しかも、それが長く続けば続くほど、その後の修復が困難になっていく。

だからこそ、産業界は現在、そんな不安定な立地に見切りをつけ、すでに多くの企業が中国や米国に脱出し始めているが、それに対して政府がとっている対策は、産業用の電気料金を下げるための補助金をつけることや、莫大な補助金をつけて外国からの産業を誘致すること。どちらも、抜本的な経済対策ではない。

バルカン半島南西部の小国アルバニアは、冷戦時代は共産主義国で、極貧の中で孤立していた。当時、独裁者エンヴェル・ホッジャは、他国から攻撃を受けるという強迫観念にとらわれており、国中に75万基もの掩蔽壕《えんぺいごう》（コンクリート製の地上の小型防空壕で、かまくらのような丸形のものが多い）をつくらせた。

以前、アルバニアに行った時、そこかしこにあるその残骸の異様さに驚いたが、ドイツの風車も、いつかそうなってしまうような気がする。風車が取り壊された後も、おそらく巨大コンクリートの基礎だけが数万個、放置されるだろう。

いったいハーベック氏は、将来のどんなドイツの風景を夢見ているのだろう。

3　世界最先端を気取った政治が「発展途上国への道」に

今のドイツは世界の「見切り品ショップ」

ドイツ取引所（フランクフルト証券取引所を運営している株式会社）のテオドル・ヴァイマーCEOによれば、「ドイツは世界の投資家にとって、見切り品ショップになってしまった」。

2024年4月末、バイエルン州の経済諮問委員会に招かれて講演した時の発言だ。委員会の据えたテーマは、「ドイツ政府の進めているエネルギー転換と、ドイツが陥っている脱産業化、さらにドイツの未来は、どのようにつながっているのか？」。

この日は、経済学者のハンス＝ヴェルナー・ジン氏も演壇に立った。氏は、ミュンヘンのｉｆｏ経済研究所の前所長で、2016年に退任した後も、経済理論家の最高峰の一人。

難しい話をわかりやすい言葉で説明してくれるので、素人にとっては非常に有難い存在だ。

ヴァイマー氏によれば、ドイツでは現在、テクノロジーによる成長が止まっており、投資家は、よほど良い条件が提示された場合のみ散発的に投資する状態だという。「経済的には、発展途上国への道を歩んでおり」、ヨーロッパにおいては「すでにブレーキ役として認識されている」。

投資に関する悪条件は、エネルギー政策の失敗のほか、誤った移民政策、デジタル化の遅れ、税制の問題や行き過ぎた官僚・書類主義など多岐にわたる。いずれにせよドイツがEUの牽引役だと思っているのは、いまだにグリーンディールやデジタルトランスフォーメーションなどの効用を信じている政治家だけかもしれない。2024年欧州議会選挙での与党の惨敗が示すように、すでに多くの国民は、ドイツの劣化に危機感を募らせている。

そのためヴァイマー氏は、ドイツに対する信頼を取り戻すためには、経済界が立ち上がり、自らの手で積極的に事態を改善させようと呼びかけた。ドイツ政府にはとっくに匙《さじ》を投げているらしい。

同じく前述のジン氏も、現在の様子を「ドイツは燃えている」と表現。これは、ドイツが現在、過去の産業（＝栄光）を自ら燃やしているという意味で、背筋が寒くなる図だ。

最近、ヴァイマー氏やジン氏のみならず、産業界の重鎮が、政府のエネルギー政策について、次々に歯に衣を着せぬ批判を展開し始めた。いや、正確に言えば、彼らは10年も前から、常に同じことを言っていたのだが、主要メディアが取り上げなかったため、国民の耳には届かなかったのだ。

主要メディアが軒並み左派であることは、周知の事実だ。公共テレビはもちろん、権威ある週刊誌「シュピーゲル」や、「ディ・ツァイト」紙なども、これまで飽くことなく、メルケル首相時代から始まった極端な「気候政策」なるものを擁護し続けてきた。

ところが、それら左派のメディアでさえ、そろそろこの破茶滅茶なエネルギー政策を庇《かば》いきれなくなったらしい。現在、緑の党と社民党の支持率が地に落ちてしまったのは、メディアの変節に帰するところも大いにあるが、私としては、「今頃遅い」と文句の一つも言いたくなる。例えば5月5日には、ドイツ最大の電力会社E.ON社のカール＝ルードヴィッヒ・クライ元監査役委員長のインタビューがn－tvで報じられたが、これもハーベック経済・気候保護相についての辛辣《しんらつ》な批判だった。

というのも、ハーベック氏は22年に、原発の稼働延長ができない理由として、新しい燃料棒の調達が困難であること、また、電力会社が原発の安全性を確認できなかったことを挙げたが、クライ氏によれば、そのような事実はなかったという。新しい燃料棒が来るまでは、従来の燃料棒の組み替えで問題なく稼働はできた。つまり、経済省は発注さえすれば良かった。

そこでE.ONは当時、稼働延長の決定は早ければ早いほど良いからと何度も注進したというが、ハーベック氏はあたかも手遅れになるのを待つかのように決定を引き伸ばし、結局、核燃料棒も注文せず、最終的に本当に手遅れになった。また、ハーベック氏が言うような安全性の問題も存在しなかった。さらにハーベック氏は、「脱原発で失われる電力は大して意味がない」と主張したが、この計4・4ギガワットの電力の代替を石炭でやれば、少なくとも1500万トンのCO_2が出る。しかもコストは、原子力の1キロワットあたり2セントに比べて、ガスならその10倍だった。

「これが意味のないことなら、何に意味があるのか？」

とクライ氏は問うた。

氏によれば、実は2022年秋のストレステストで、原発は必要という結論が出ていたのだが、ハーベック氏、あるいは、氏の背後にいた勢力にはこれが気に入らなかった。そこでハーベック氏は妥協案として、原発を予備にし、電力が足りなくなった時だけ稼働させることを提案した。しかし、原発は技術的に、点けたり消したりには不向きである。つまり、このような素人考えを経済大臣が口にしたということ自体が、専門家不在の証明だった。ちなみにハーベック氏の前身は童話作家だ。

当時、電力会社側はハーベック氏のこの提案に呆れ返った。クライ氏は同インタビューでも、「原発はトースターではない」と一笑に付している。

「なぜ、ハーベック氏が原子力を忌避《きひ》するのかはわからないが、彼が稼働延長をしなかった理由はまさに嫌いだったからだ。なのに今になって、過去の議事録やメールに手を加えるとは何事か」

とクライ氏は憤《いきどお》った。ちなみにこの記事のタイトルは、「元E.ONの監査役が脱原発について言う、『失礼ながら、バカげています』」(Ex-Eon-Aufsichtsrat zum AKW-Aus "Mit Verlaub, das ist Unsinn"〔2024年5月5日付〕)。

すべて人間が原因の気候温暖化のせい

これまでずっと、多くの専門家はあらゆる機会を見つけては、エネルギー政策の修正を求めてきた。

しかし、政府お気に入りの御用学者が、極端な〝気候危機〟と脱炭素の必要性ばかりを強調し、さらに、それを、政府お気に入りの御用メディアが、ホラー映画のような地球滅亡のシナリオ付きで拡散した結果、国民は完全にミスリードされ、ドイツは電気供給の安定を蔑《ないがし》ろにし、再エネの増設に向かって邁進《まいしん》し続けた。

2024年5月末から6月にかけて、南ドイツで起こった大洪水についても、第一テレビははっきりと、「洪水の原因は人間が原因となっている温暖化による異常気象だ」と断言。洪水の原因は大雨だから、異常気象ではあることは確かだが、これを人間が原因となっている温暖化によるものと限定する科学的根拠は、いったいどこにあるのか？

そもそも、大作曲家バッハや、宗教改革のルターの生きていた頃にも、ドイツには大雨は降った。洪水もあっただろう。その自然の脅威を、さまざまな土木・治水工事で予防するのが文明の粋ではないか。オランダでは、そのおかげで海抜0メートル以下のところに人が住んでいる。それなのに、現在の異常気象の原因を、人間の過去100年の産業活動にのみ押し付け、そのほかの全ての可能性を無視し続けるドイツの公共メディアの態度には大いなる疑問を覚える。

蛇足ながら、彼らは、例えば、バイデン氏の健康が大統領を続投するにはかなり怪しいという報道も、コロナのワクチンには安全性に問題があるとする学術論文も、全てフェイクニュースや陰謀論扱いする傾向があった。しかし、彼らの報道こそフェイクだった可能性が高くなった今では、まるで知らん顔だ。

こうなると、私たち視聴する側が、報道を丸々信じず、何が本当なのかと自分で考える力を養わなければならない。自分たちを守るためにも、彼らの偏向した信条に取り込まれないことが肝心だ。

いずれにせよ、今ではドイツの洪水は〝人間の経済活動に起因する気候温暖化のせい〟として定着しているが、これと、冒頭に記した〝ドイツが見切り品ショップになってしまった〟こととは無縁ではないだろうと、私は思っている。

なんと国際競争力が24位にまで急降下中

ドイツの公共インフラがボロボロであることは、すでに記した。16年も続いた前メルケル政権は、ＥＵで一人勝ちと言われた好景気時代に内需を疎《おろそ》かにし、国防費を切り詰め、警察も縮小し、ましてや、長い年月とコストがかかる割には、その効果が評価されるかどうかわからないような国土強靭《きょうじん》化のための公共投資などには、ほとんどお金を使わなかった。疎かにされたのは教育も同様で、その被害は今や甚大だ。

これまでも教師不足で小中高校の授業のコマが減ったり、突然の休講が増えたりで、子供の学力は、すでにOECDの「中」まで落ち込んでいる。学力低下に関しては、学校が移民や難民の子供たちを大量に抱えてしまったことも原因の一つだ。特に小学校では、3歳児程度のドイツ語の能力しかない多くの子供たちが入学してくるので、指導が困難になっている。

なお、人手不足の折、優秀な人材は民間企業にとられてしまっていることもあり、ここ数年は、教員として養成されていない人を臨時教師として採用している州も多い（教育は州の管轄）。

ドイツでは、すでに教師は魅力ある職業ではなくなってしまったらしく、今や教員不足と教育の質の低下が止まらず、今後、状況はさらに悪化すると見られている。ビスマルク時代より続いた教育大国は、今や風化が激しい。

メルケル前首相は外交では手腕を振るったが、内政は顧《かえり》みなかった。そこで今、これら無責任な政治を引き継いだ現政権が、目を覆うばかりになってしまったインフラの崩壊を食い止めるため、鉄道網や道路網、デジタル網などの増強に着手せざるを得なくなった。ただ、資金不足と人手不足、さらにこれが一番問題なのだが、施政能力の不足で一向に捗《はかど》らない。

そうするうちに、ドイツの国際競争力は、今やなんと24位にまで落っこちてしまった（6月18日に発表された「Ｓｔａｔｉｓｔａ」の調査結果）。

２０１４年は6位、２０２２年は15位とコンスタントに下降していたものの、この2年間での急降下は著しい。

この数字が発表された日、「フランクフルター・アルゲマイネ」紙は下落の原因を、高いエネルギー、高い税金、そして、インフラの悪さであると分析した（Standort Deutschland wird immer unattraktiver＝「産業立地としてどんどん魅力を失っていくドイツ」［Frankfurter Allgemeine，２０２４年6月18日付］）。

ちなみに国際競争力の1～3位は、シンガポール、スイス、デンマークだ。中国は14位、サウジアラビアが16位。なお、デンマーク以外のＥＵ勢は、オーストリアが26位、フランスが31位などと、どれも芳《かんば》しくない。ＥＵを脱出したイギリスは28位。

資本だけでなく有能な人材も去っていく

かつて強力な自動車と化学産業で世界の輸出王であったドイツが、〝緑の思想に囚《とら》われた政治〟により、国際競争の敗者になりつつある。政府は「エネルギー転換」と称して、脱原発、脱内燃エンジン、および脱石炭、脱オイルを目指し、なんと、将来の脱ガスを視野に入れ、ガス管網の撤去にまで手をつけ始めたことはすでに述べた。

2024年3月には連邦会計監査院も、このままでは2020年代の終わりには制御できる電力が不足し、需要と供給のバランスが取れなくなると警告を発した。要するに、このままではドイツという大船は間違いなく氷山に向かっており、座礁、沈没は免れない。

それにしても、再エネだけで産業国の電気が賄《まかな》えないことは誰にでもわかるはずなのに、なぜドイツ政府だけが、いつか再エネ100%が実現し、電気料金はタダになるという果てない夢を拡散し続けているのかが謎だ。

国民もようやく、どうもおかしいと気付き、それが欧州議会選挙で「政権党の壊滅」という結果をもたらしたが、しかし、社民党にも緑の党にも反省の色はなく、緑の党に至っては、「選挙での敗北の理由は、再エネへの転換が野党に阻《はば》まれてうまく進んでいないせいだ」などと寝ぼけたことを言っている。

なお、注目すべきはメディアの動向だ。これまでは、「脱炭素は経済成長をもたらす」とか、「カーボンゼロは可能だ」などという政府の主張を拡散してきた彼らだが、今、あわてて折り返し点を模索中。少なくともこれからは、「最初の困難さえ切り抜ければ、ドイツは再エネへの転換で世界の勝者になれる」などと、国民を鼓舞することだけはなくなるだろう。

なお、ドイツには大量の難民が入り続けており、それもドイツの経済の足を引っ張っている原因の一つだが、危惧すべきは、ドイツから国外に移住した人も、この10年で63・5万人もいることだ。

その理由は、国外のほうが給料が高く、税の負担が少なく（ドイツの税や社会保障費の負担率は世界で2番目に高いと言われる）、さらに、研究やスタートアップの自由度も大きく、快適に暮らせるからだそうだが、出ていっているのは若くて有能な人材がほとんどだ。つまり、ドイツから流出しているのは資本だけでなく、頭脳も然《しか》り。

ドイツ連邦統計庁によると、現在は破産件数も急増中で、4月の破産申請件数が前年比

28・5%増、5月は前年比で25・9%増だという。ハーベック氏も、「生産を止めただけで、倒産ではない」などと言っている場合ではない。しかも、破産も人材の流出も、今後、さらに雪だるま式に加速すると思われる。〝見切り品ショップ〟ドイツの病は、すでに極めて重症なのである。

4　国家を乗っ取る巨大環境NGOの正体

国際環境NGOとドイツ政府の癒着

緑の党のハーベック氏が大臣の経済・気候保護省では、2023年4月、NGOとの異常な癒着や、関係機関での大掛かりな縁故採用といったスキャンダルが大々的に報じられた。主要メディアはあたかも今、初めて明るみに出たかのように報道しているが、もちろん、彼らは前々から全て知っていた。

例えば、2021年4月30日、独大手紙「ディ・ヴェルト」のオンライン版に「過小評価されるグリーン・ロビーの権力」という長大な論考が載った。

ここには、巨悪に立ち向かう弱小な組織といったイメージの環境NGO（非政府組織）が、実は世界的ネットワークを持ち、政治の中枢に浸透し、強大な権力と潤沢な資金で政治を動かしている実態、多くの公金がNGOに注ぎ込まれ、そのNGOが政府の別働隊として活動している現状、そして、批判精神を捨て、政府と癒着し、NGOを力強く後押しするメディアの様子が、詳細に描かれていた。綿密な取材の跡が感じられる素晴らしい論文で、読んだとき、私は久しぶりにジャーナリズムの底力を感じたものだ。

この記事によると、地味な草の根運動を装っている環境NGOは、エネルギー政策、および地球温暖化防止政策に与える影響力という意味では、今や産業ロビーをはるかに凌《しの》いでいるという。その上、脱原発や、脱炭素、さらには、難民の受け入れにも、NGOは大きく絡んでいる。

ドイツの脱原発を主導したのは、主に経済・環境両省のトップ官僚だが、彼らが「アゴラ・エネルギーヴェンデ」という絶大な力を持つ左翼NGOと密接すぎる関係にあることは、すでに以前より知られている。

例えば、ハーベック経済相の右腕であり、今回の脱原発の立役者であったパトリック・グライヒェン次官は、経済省に来る直前までアゴラの代表だった（氏はすでに2022年、同NGOとの過度な癒着や縁故採用が問題になり更迭済み）。

それ以外でも、アゴラを始めとするNGOと、経済省、および環境省との人材の往来は極めて活発で、端的に言えば、現政権で高級官僚の座に座っているのは、アゴラなどNGO団体からきた活動家で、ドイツの環境政策は、いわばその活動家たちによって仕切られていた。彼らは国家経済など意に介せず、ひたすら脱原発、脱炭素という自分たちのドグマ（教理）の実現に向かって突き進む人たちである。

科学的視点を欠いた脱原発

私が脱原発について異常だと思ったのは、2011年の福島第一原発の事故の後。当時、ドイツ政府は急遽、倫理委員会を招集したのだが、そのメンバーに電力会社の代表や研究者がほとんどおらず、聖職者や社会学者が加わっていたことだ。つまり、科学的視点を欠いた素人が、2022年の脱原発を決めたのである。

しかも音頭を取ったのが、長年、国連環境計画の事務局長を務めていた環境問題の大御所、クラウス・テプファー氏だったので、結果ありきの審議であったことがわかる。もちろん、テプファー氏を引っ張ってきたのはメルケル首相だった。

また、その7年後の2018年に、脱石炭について審議するために招集された「成長・

構造改革・雇用委員会」(通称・石炭委員会)では、さすがに聖職者はいなくなっていたが、今度は環境NGOがたくさん座っていた。彼らが大事な政策決定に、なぜか口を出していたのだ。しかも、脱石炭を審議する会議なのに、石炭輸入組合の代表は傍聴することさえ叶わなかったという。

ドイツは伝統的に石炭をベースに発展してきた国で、長年続いたこの産業構造を、突然トップダウンで終了させるのは、ものすごく無謀な話だ。性急な脱石炭は、企業の権利を侵害するし、何より、何万もの炭鉱や関連業種の労働者から生活の糧《かて》をも奪うことになる。

そこで石炭委員会は各方面への補償と、影響を受ける州の産業構造改革のため、2038年までに少なくとも400億ユーロを投下するとした。大盤振る舞いはいいとして、財源はどうするのか。要するに、代替産業もわからぬまま山積する問題をほっぽり出して〝遅くとも〟2038年の脱石炭というスケジュールだけが決まっているのが、現在のドイツなのだ。

しかし、それに反対したのが緑の党で、2038年では遅すぎるので、2030年にしろと迫った。そして、それを後押ししているのが自然・環境NGO。これらのNGOの、ドイツ全土の1100万人の会員が、今やドイツの世論形成を牛耳る一大勢力でもある。

実際に緑の党はNGOを味方につけ、脱炭素の大波に乗って2021年12月の総選挙後に政権入りを果たした。ただ、現在、彼らがその支持を半減させてしまっているのは、すでに記した通りだ。

ドイツを蝕む二つの巨大NGO

NGOが自然を大切にするのはいいのだが、しかし、今や、彼らのやろうとしていることが環境保護に役立っているかというと、実際には矛盾が多すぎる。そして、その矛盾の根源が、政治とNGOの堅固なタッグだ。草の根として頑張っている人たちは、正しい情報を得ていないのではないか。

NGOが政府の専門委員会に加わっていることは前述したが、彼らは、政治家の外遊にもしばしば同行し、国際会議ではオブザーバーとして常連席を持っており、権限が膨張している。

例えば、前環境相だったシュルツェ氏は、2019年、マドリッドでの国連気候行動サミットに出席中に、「NGOの人たちとの会話は私にとって非常に重要だ。我々は同じ問題のために戦っている」とツイートしている。ちなみに氏は現在、開発相で、今度は発展途上国で活動するNGOに莫大な補助を出している。ただ、そのNGOの活動内容が妥当かどうかということが、最近、とみに問題視されている。

無意味な援助の代名詞となってしまったのが、24年1月に報道されたペルーの「200マイルのサイクリングロード」の建設。これにドイツは4400万ドルを出費したが、これが本当に必要かと訊かれたシュルツェ氏は、「気候変動を防ぐために、1トンのCO_2でも節約することが重要だ」と自信を持って答えた。はたしてドイツの納税者が納得しているかどうかは疑問だが、ただ、ペルーではこの時、そのほか、152のプロジェクトが、ドイツの援助で進行中だったという。

一方、気候対策費として中国に流れているお金も、多くはどこかで蒸発してしまっている（こちらは環境省の管轄）。ドイツでは21年より、CO_2を出す全ての企業に炭素税が課されているが、実際にはそれは消費者に付け替えられており、消費者は、例えばガソリンを入れるたびに、あるいはガスや灯油で暖房をするたびに、知らないうちに何がしかを負担させられている。そして、そのお金が、環境省の認可を得て、どこかの気候保護プロジェクトに免罪符よろしく還元されるわけだ（炭素税の額は、26年まで毎年値上げすることが決まっている）。

20年以来、中国ではこの「免罪符」で65のプロジェクトが展開されていたが、ただ、それを取材した第2テレビが5月に報道した内容は、衝撃的だった。というのも、それらのプロジェクトのうち少なくとも4分の1は、実態がないか、あるいは、あっても非常に疑わしいものだったというのだ。

例えば、ウイグルに送られた8000万ユーロは、現地では粗末な鶏小屋に化けていた。ただ、鶏はいなかったというから、本来なら、いい加減に認可している環境大臣（緑の党）が、即刻辞任しなければならないレベルのスキャンダルだ。しかし、いつものごとく、主要メディアはそれ以上、報道もせず、責任を追求する話も出ない。

開発省に話を戻すと、各国への援助の原資は、政府（正確にいえば、国営金融機関であるKfW＝ドイツ復興金融公庫）のお金で、膨大なものだ。一方、石油産業がCO_2削減、あるいは気候保護と限定して配っているお金の原資は炭素税で、やはり国民のお金で、膨大な額になる。

そして、どちらのお金もNGOを通じて流れているため、恩恵を受けているのは途上国だけではなく、それを仕切るNGOも同様だ。しかも、その流れがかなり不透明であるにもかかわらず、彼らは他国のＮＧＯと緊密に結びつき、国際的な規模で甚大な影響力を行使している。

なお、最近は、政府にとってＮＧＯは、違った意味でも役に立つ存在となっている。例えば、民主主義の強化や、難民援助という名目で特定のＮＧＯを援助し、彼らに政府の意思に適った活動をさせる。要するに、ＮＧＯは政府の力強い別働隊でもあるのだ。

２月には、毎年恒例の「ミュンヘン安全保障会議」が開かれるが、ダボス会議同様、民間主催のこういう国際会議の方が、公式の国際会議である国連などよりも実力を強めているように感じる。

ここでは産業界の有力者や、ＮＧＯを支援する大資本家などが集って、都合の悪い国家の首脳は呼ばない。民主主義を強調しながら、戦争も政治も「民営化」だといわんばかりに、仲間内で世界政治を決めていく。そもそも選挙で選ばれたわけでもない人間が税金で行動し、国政や法案の策定にまで口を挟むこと自体がおかしい。政府とＮＧＯの結びつきは、多額の税金が使われているだけに、もっと監視されるべきではないか。

ベルリンに本部を持つ「ＢＵＮＤ」は会員58万人の巨大ＮＧＯだが、彼らが２０１４年から２０１９年の６年間に公金から受けた補助の総額は２１００万ユーロに上るという。

また、会員数62万人とドイツ最大のNGOである「NABU」が、同じ期間に8つの公的機関から受けた補助は5250万ユーロだ。

NABUは動植物の保護を活動の主体とし、近年は風車に巻き込まれて死ぬ野鳥の被害を訴えている。NABUの受けた補助金の内訳は、最高額3600万ユーロが環境省、そのほか、経済協力開発省、労働社会省、教育研究省、外務省からも出ている。また、それに続く2020年から23年までの4年分の補助金としては、すでに4700万ユーロという破格の予算が組まれている。

ただ、前述の論文の著者らによれば、NGOの決算報告には、「申告と実態との間に明らかな欠落部分がある」。ちなみに、前述のペルーの開発援助プロジェクトも「ディ・ヴェルト」紙の取材では、資金の流れに不透明な部分が多くあることが指摘されていた。

2016年には、欧州議会の予算委員会が、EUが援助しているNGOの財務監査を専門家グループに依頼したが、NGOは複雑に絡み合い、さらに、資金は環境や自然保護だけでなく、教会の慈善事業や中国との共同プロジェクトなど広範に拡散されており、結局、どのNGOが、どこで、どの活動に従事し、互いにどういう関係にあるかが摑めず、調査は徒労に終わったという。あり得ないほどの杜撰《ずさん》さだ。

NGOが行っている疑問符のつく資金調達方法はほかにもある。ドイツには、国民の代表として企業や自治体を訴える権限を持つNGOが78組織あるのだが、前述のNABUとBUNDもその権限を利用して資金調達をしている。

その一つは、風車による野鳥の被害を理由にウィンドパーク（風力発電所）の事業者を相手取って訴訟を起こす方法。ただし、被告が原告の指定する機関に指定した金額を寄付すれば訴訟は取り下げるというから、これほど怪しいものはない。ただ、BUNDのホームページを見ると、23年の収入欄に、確かに「罰金など」という項があり、120万ユーロが記載されていた。

いずれにせよ、これは「儲かる仕事」（「ディ・ヴェルト」紙）で、訴えられた企業からすると、「抵抗することなど、どの企業にも絶対不可能」。ただし、寄付した後には、鳥に優しいウィンドパークというお墨付きが与えられるというので、ますます疑問だ。

もっとも、最近NABU内部でも、鳥の保護と風力発電の拡大は両立できないという声が強くなっているらしく、風車の建設規制を訴えるほかのNGOに移る会員も出てきたようだ。

実は、シュルツェ氏もNABUのメンバーだという。氏が環境相であった頃は、日頃からＮＧＯを称賛し、鳥の保護を訴えつつ、一方では、脱炭素達成のために風車の建設も推進していて風力発電事業者との距離も近かった。結局、どちらからも重宝されていたのだろうが、これではＮＧＯ幹部に対する国民の不信は募る一方だ。

巨大財団が支援する脱炭素のマスタープラン

前述の「ディ・ヴェルト」紙の論考の中で、何といっても興味深かったのは、今や世界を支配しているとさえ言えるこの壮大なエネルギー転換政策が、いったいどのように始まったか、という点を掘り下げているところだ。

２００７年、ヒューレット財団が依頼した「勝利のためのデザイン　地球温暖化との戦いにおける慈善事業の役割」(Design To Win-Philantropy' s Role in the Fight Against Global Warming)という研究レポートから始まっているようだ。

ヒューレット財団というのは、ヒューレット・パッカード社の創立者の一人、ウィリアム・ヒューレットが１９６６年につくった慈善財団だが、財団のお金をいかに活用すれば、一番効果的に温暖化防止政策を構築し、遂行できるかということが研究目的だった。なお、この研究のスポンサーには、パッカード財団、エネルギー財団、ドリス・デューク財団、ジョイス財団、オーク財団といった大きな財団が名を連ねていた。

このレポートには、年間6億ドルを投資すれば、2030年までに全世界で110億トンのCO_2を削減でき、地球の温度の上昇を2度以下に抑えられるということが明記されていたという。さらに、温暖化対策をいかに国民の間に社会問題として定着させることができるか、あるいは、アメリカ、EU、中国、インドなど、地域に特化した対策の形はどうあるべきかなどが提示された。そして、その後、このレポートが世界の温暖化対策のマスタープランとなったのである。

翌2008年には、ヨーロッパでこれらの計画を実行に移すため、オランダのデン・ハーグに「欧州気候基金」が設立された。出資者は、ヒューレットとパッカードの両財団、ブルームバーグ、ロックフェラー、イケア財団、ドイツのメルカトル財団など。

支部は間もなくベルリン、ブリュッセル、ロンドン、パリ、ワルシャワへと拡大し、頂点にはそれぞれ、ヨーロッパの選り抜きのトップマネージャーや元政治家が、莫大な報酬で引き抜かれて就任している。

現在、ヨーロッパで脱炭素やエネルギー転換を謳《うた》うNGOのほとんどは、この欧州気候基金か、もう一つの巨大財団であるメルカトル財団のどちらかから、あるいは、その両方から援助を受けている。

ただ、ヨーロッパでの気候政策に本当の弾みがついたのは、奇しくも福島第一原発の事故の後だ。政界、産業界が立ち上がり、脱炭素の青写真を世界中に広める試みが始まった。自称「変革の推進者（Change Agents）」は、成功は、強力な資金を持つ自分たちの手の内にあると確信し、財界への浸透、新しいテクノロジーとアイデアの実践に突き進んだ。

実際、変革はその設計図どおりに進んでいる。2019年の1年間で、欧州気候基金とメルカトル財団が、脱炭素につながる活動をしているNGOやシンクタンクに拠出した補助金は4220万ユーロにのぼる。ちなみに、メルカトル財団の資本金は、2019年の決算報告によれば、1億1650万ユーロ。こうなると皆が、脱炭素の旗を掲げて群がってくるわけだ。

一方、この輪の中に入らず、中立な立場を維持したい研究所は、当然のことながら苦戦を強いられた。例えばドイツでは、ライプニッツ・アソシエーションの中のRWI・ライプニッツ経済研究所が、エネルギー転換政策は、貧困層から富裕層への資本移転になると警告したし、また、連邦議会の専門委員会の調査でも、マックスプランク研究所の下で6

つの独立した研究所が行った研究でも、再エネ法の矛盾が指摘され、その改正、あるいは廃止が進言されたのだが、政府はそれらをことごとく無視した。

さらに、ゲッティンゲン大学のメディア研究者などは、温暖化に関するほとんどの報道は、科学的に曖昧な部分が明確に示されていないと指摘したが、これもまともに取り上げられることはなかった。いずれにせよ、これらの研究者にとっての一番の問題は、政府の方針と異なる結果を出す研究には発注が来なくなることだ。つまり、研究費も来ない。こうして異端の意見は淘汰《とうた》されていく。

グリーンピースの「女帝」が外務省入り

NGOと現ドイツ政権の癒着の象徴的な例は、グリーンピース・インターナショナルの事務局長で「女帝」であるジェニファー・モーガン氏の、ドイツの外務省入りと言っても良いだろう。ベアボック外相は、バイデン政権がジョン・ケリー氏を、気候変動問題を担当する大統領特使にした例を見習ったのかもしれない。モーガン氏はアメリカ人で、自身もケリー氏を手本としていると語っている。

２０２２年3月、彼女の外務次官就任が決まったのだが、その発表記者会見で、ベアボック外相は、大物を引っ張ってきたことに、まさに得意満面だった。ただ、外務次官は国家公務員なのでドイツ国籍が必要だ。そこで、ドイツ国籍を取るまでのつなぎとして、国際環境政策特使というタイトルが与えられた。その後、超特急で国籍が付与され、今では両方の任務を兼任しているようだ。

モーガン氏は数年前からベルリンにも拠点を置いており、持続可能な開発に関するドイツ協議会の委員や、気候影響研究のためのポツダム研究所の科学諮問委員会のメンバーを務めるなど、すでにドイツの環境筋とは深いつながりがあった。環境派のネットワークの広範さが表れている。

特にグリーンピースは、環境ＮＧＯの中でも最も巨大なものの一つだろう。寄付を支払っている「サポーター」は世界全体で２９０万人と言われ、ドイツだけでも59万人も会員がいる。

実は私も10年ほど前に行きつけのスーパーの前で勧誘されたことがある。断れなくなり、半年ほど会員になっていたことがあるが、それくらい勧誘は熱心。毎月送られてきた会報が結構面白く、彼らが潤沢な資金を持っていることも想像できた。気候について主張していることはエキセントリック、非科学的で、反建設的だが、それ以外の地味なテーマでは、問題提起としては、なるほどと思えることも少なからずあったことは付記したい。

ただ、実際のグリーンピースの活動となると、末端の会員のような真摯なものとは打って変わって、法のグレーゾーンの領域を飛び越えるほど過激だ。

ヨーロッパでの活動も、非合法のものが数多くあり、そのため2016年、ドイツの連邦環境局は、ドイツ・グリーンピースから国民の代表として訴訟を起こす権利を剝奪した。

キリスト教民主同盟（CDU）のトーステン・フライ氏が「グリーンピースがどのような活動をしていたかを考えれば、そのやり方を国政に活用することが本当に我が国のためになるのかどうか、私は大きな疑いを持つ」と強い懸念を示したが、当然だろう。「ロビイストが事務次官などもってのほか」「国政の決定権が、省や議会という民主的で合法な機関から、NGOの手に移ってしまう」と、AfDも警告した。

現にモーガン氏は「活動家としての仕事と政治を明確に分けるつもりはない」とし、「政治は重要だが、活動家と科学者なしでは何もできない」と公言してはばからない。

また、彼女は気候変動に関する政府間パネル（IPCC）の第5次評価報告書の査読編集者を務めており、CO_2削減に熱心な世界中の大物政治家との太いパイプもある。つまり、言い換えれば、自分の思い通りに動かすことのできる活動家と科学者を十分に持っているのだろう。これらが緑の党にとって、非常に魅力的であることは間違いない。

一方、矛盾するようだが、緑の党が現在一番恐れているのも、実はＮＧＯだ。

これまで緑の党は、「Fridays for Future」のような若者の団体から、過激で危険な左翼思想を持つ環境団体まで、さまざまな左派組織と活動を共にしてきた。これらＮＧＯの支持を得て、与党に入ることができたと言っても過言ではない。ところが、その緑の党も、いざ与党に入ると、これまで主張していた無理難題を引っ込めなければならないという現実にぶつかる。そのため、各種ＮＧＯからの突き上げを恐れているわけだ。

例えば今の緑の党は、これまで大反対していたＬＮＧのターミナル建設に反対することもできなければ（ガスなしでは国民生活は破綻する）、公約に入れていたアウトーバーンの速度制限１３０キロメートルを、新政府の施政方針に入れることさえ叶わなかった。

それどころか、あれほど憎んでいた旧式の褐炭火力発電所を、電力の逼迫《ひっぱく》時に次々と稼働させている始末だ。こうなると、支援団体と緑の党の間に隙間風どころか、暴風雨が吹くことも避けられない。

しかし、何があろうとも、ドイツでは、科学よりもイデオロギーというメルケル時代に始まった風潮が、今なお支配的だ。冬の暖房が保証されないと聞いたら、では、セーターを重ね着しようという人たちがいる。それどころか、フランク＝ヴァルター・シュタインマイヤー大統領（社民党）は、「平和のために凍えよう（Frieren für den Frieden）」というスローガンを打ち出した。

どれだけの国民が、このイデオロギーに素直に従うのかはわからないが、エネルギー政策は、まだまだ混迷を深めることは間違いない。

第4章

地獄に堕ちても中国を捨てられない

1　共倒れまで続くのか——日本より深刻なドイツの中国依存

蜜月だったはずが…

まだ首相になったばかりだった頃のメルケル氏は、温家宝《おんかほう》首相（当時）に会ったとき、目に星が出た。政治家としての温家宝を尊敬していたに違いない。もともと昔からウマのあったドイツと中国は、16年間のメルケル政権で、切っても切れないほど深い仲となった。

20年ほど前までの中国の輸出品は、繊維製品、小型家電、軽工業品などが圧倒的に多く、ドイツにとって商売上のライバルとはなり得なかった。当時、中国の政治家の誰かが、「あなた方が工作機械を1台売った時の利益を得るために、私たちは何万足もの靴を売らなければならないのですよ」などと言っていたのを覚えている。

ただし、メルケル氏だけは、すでにその頃から中国のポテンシャルを明確に予感していたのではないか。政治的にも経済的にも、そして軍事的にも。

その中国がドイツにとっての最大の取引相手国となったのが２０１６年。中国ではドイツの自動車が飛ぶように売れ、一方、中国からの輸入品には猛スピードでハイテク製品が加わり始めた。当時の独中関係は蜜月時代と呼ばれ、故李克強《りこくきょう》首相は常に〝ウィン・ウィン関係〟を強調し、メルケル首相は「中国は私たちにとって、アジアで一番大切な国」と豪語した。

ただ、今では李克強氏は草葉の陰で、一方のメルケル氏は表舞台からは退場。そのせいだけではないにしろ、毎年、足繁く開催されていた二国間会議は中断され、現政権になってからはベアボック外相の下、独中関係はこれまでになく悪化している（詳細は後述）。

それでも中国に縋るしかない

疫病や不況、戦争が重なったこともあり、２０２３年の独中の貿易額は前年比で15・5％減。とはいえ、いまだにその額は２５００億ユーロとほかのどの国よりも多く、不況のドイツにとっては、もはや中国に縋《すが》るしかないというのが現状だ。

この経済的な中国依存はEUも似たようなもので、EUのフォン・デア・ライエン欧州委員長は、今後は中国とは距離を置くと言っているが、できるかどうかは別の話だ。ただ、EUが本当に阻止したいのは、昨今、ヨーロッパ進出が目覚ましい中国のEV車のこれ以上の伸張である。

EUが温暖化防止のためとして、ガソリン車とディーゼル車の駆逐を目指してすでに久しい。EU各国はEV車の普及に注力し、購入の際の補助金など、さまざまな政策を実施してきた。2035年からはガソリン車とディーゼル車の販売を禁止するという、まさに自由市場経済に逆らった荒技まで打ち出している。

しかし、EUがどんなアメとムチを使ってもEV車は売れない。特にEU製のEVは高くて売れない。

今ではたいていの政府で、補助金も尽きた。だから、どうしても買わなければならないなら、国民は当然、中国の安価なEV車を選ぶ。

そこで困ったEUが思いついた次の対策は、自分たちがもっと競争力のあるEV車をつくろうということではなく、中国のEV車に関税をかけること。中国のEV車が安価であるのは中国政府からの不当な補助金のおかげであるから、制裁すべきという理屈だ。

ただ、これまで中国市場の閉鎖性に抗議し、自由貿易を謳《うた》ってきたのはＥＵだった。しかもＥＶ車への優遇策は中国に限らず、形は違えども、ＥＵ各国もおおむね施している。それでもＥＵは７月より、ＢＹＤに17・４％、Ｇｅｅｌｙ（吉利汽車）に20％、ＳＡＩＣ（上海汽車）に38・１％の関税をかけ始めた。

一方、中国のＥＶ車のせいで特に困っていたのが、ドイツのメーカーだ。ところが、中国ＥＶ車への課税に一番強く反対したのも、ドイツだった。なぜなら、もし、中国が報復関税をかけてくれれば、中国市場に一番大きく依存しているドイツの自動車メーカーが最大の犠牲者となるからだ。

「Ｓｔａｔｉｓｔａ」の２０２４年の統計によると、２０２０年、ドイツ製の乗用車の39・４％が中国向けだった（メーカー別では、フォルクスワーゲンが43％、ベンツが32％、ＢＭＷが33％）。この割合が２０２３年は34・３％にまで減少し、多くのメーカーが生産縮小を余儀なくされている。

これ以上縮小すれば、景気はさらに落ち込む。

ドイツ経済は自動車産業のみならず、すでに全体的に深刻な状態だ。主原因は高すぎるエネルギー、高すぎる税金、肥大した官僚主義。膨大な書類の処理に時間を取られ、高い電気で、高い製品をつくり、高い税金を払えば、当然、国際競争力は地に落ちる。

だから現在、誰もドイツに投資したがらず、それどころかエネルギー多消費企業が次々とドイツを後にし、産業の空洞化が深刻な問題となっている。以前は、たとえ製造工程を外国に出しても、企業の頭脳である研究・開発部門は国内に残すと言われたが、今ではそれさえ外国に移している。

では、企業はどこに行っているのか？

2023年はドイツ企業の中国への直接投資が、初めて1000億ユーロを超えた。これは、ドイツが国外で行っている直接投資の7・2％を占めるという。一部の政治家や評論家が、いくら中国の政治的リスクや人権問題を訴えても、現実としては、ドイツ企業は今も中国市場を巨大なチャンスと見ているわけだ。

忍び寄る中国の魔の手

例えば、世界一の化学コンツェルンであるBASFは100億ユーロを投資し、その生産拠点の多くをドイツから中国の湛江市《たんこうし》に移した。これは、過去にドイツ企業が中国で行った投資のうち、最大規模だという。また、1970年代から中国に進出し、中国における西側老舗《しにせ》といえるフォルクスワーゲン社は、ドイツで計画していたEV車の製造を取りやめ、安徽省《あんきしょう》に25億ユーロで新工場を建設した。

要するに、ドイツにとっては脱中国など夢の夢。さらに言うなら中国には、レアメタルはもちろん、太陽光パネル、風車の羽根、医薬品、ノートブック、また、自転車のフレームも、ベビーカーも、とにかくありとあらゆる物を売ってもらう必要がある。

独中関係は今や対等などではない。それを痛いほどわかっているのが、おそらくショルツ首相だろう。ただし、中国依存は、いわばメルケル時代からの伝統で、氏はそれを忠実に引き継いでいるに過ぎない。

2022年10月半ば、ドイツで最大、EUでは3番目に大きな港であるハンブルク港で、そのコンテナ・ターミナルを運営する4社のうちの1社の株を中国企業が買うという話が降って湧いた。

これには、ドイツの6つの省と、諜報機関である連邦情報局、その上、EUの欧州委員会までが反対した。EUでは、EUの加盟国以外の国が、重要インフラに対する買収や融資を試みた場合、政府が審査し、「問題あり」と判断したなら介入することができる。

ところが、10月25日、ショルツ首相は数多《あまた》の反対を押し切って、これを強引に承認した。「重要な決定権が中国に渡らないよう、融資率を35％から24・9％に引き下げる」という話だったが、過去には、5～6％の融資だったはずが、いつの間にかすっかり中国の手に落ちてしまったドイツの優良企業も少なくない。

まるで朝貢状態

しかし、問題はその後だった。それからわずか10日後の11月4日、ショルツ首相は北京へ飛び、習近平氏との首脳会談に臨んだ。折しも習近平独裁が固まり、西側各国が対中政策を慎重に練り直そうとしていた矢先に、ショルツ首相は、シーメンス、BASF、BMW、フォルクスワーゲン社など、産業界のボスたちをぞろぞろ引き連れて北京詣でをしたのである。しかも、最大のお土産がハンブルク港だったのだから、時期も政治的センスも、あまりにも悪すぎた。

一方、習近平政権にとっては、この時のドイツの訪中ほどありがたいものはなかった。中国で何度も繰り返し放映されたというCCTV（中国中央電視台）の映像を見たら、そこでは習近平氏が朗々と何かを話しており、距離を置いて向かい側に座ったショルツ氏が、神妙な面持ちで頷きながら聞いており、どう見ても〝王様の講話を拝聴する家来〟の図。テレビの前の中国人にしてみれば、抜群に気分が良かったに違いない。

その間、ドイツ選り抜き企業の社長たちが何をしていたかというと、絢爛豪華な大ホールで整列し、その前を李克強氏がゆっくりと通り過ぎていく。ゼロコロナなので握手はなく、ぎこちなく慣れないお辞儀をするドイツ人の大物一人ひとりに、にこやかに軽く片手を上げながら進んでいく李克強氏。まさに朝貢の礼だった。日本の媚中外交が問題になって久しいが、ドイツはその上を行っている。

案の定、この訪中に対しては、メディアからも批判的な意見が少なからず出た。しかし、ショルツ首相は出発前日、ドイツの一流紙である「フランクフルト・アルゲマイネ」に寄稿し、自身の訪中を正当化した。また、北京での首脳会談後の記者会見では、「訪中は正しく、かつ重要であった」と述べたショルツ氏だったが、その姿は、私の目には、いかにこの旅が間違っていたかの証明のようにしか見えなかった。

氏は、「中国が変われば、我々は中国との付き合い方を変えなければならない」などと言っているが、いったい中国の何が変わったのかは謎だ。

「脱中国」は夢のまた夢

それから1年半経ち、ショルツ政権もそろそろ任期の半分が過ぎようとしていた2024年4月、ショルツ首相は3日間の駆け足で、北京、重慶、上海を回った。この頃すでに、ドイツの景気がますます落ち込んでいたことは言うまでもない。つまり、訪中の真の目標はただ一つ、中国との関係改善、交易の強化だ。

一方、ドイツ国内ではこの時も、中国人の反政府活動家らが事前にショルツ首相に対し、訪中取りやめを求める書簡を出したり、ネット上では、「パンダを抱っこさせられて、写真を撮るのだけはやめて！」などという書き込みが出たりした。

しかし、ショルツ氏はこの時も馬耳東風《ばじとうふう》で、12人の産業界のボスたちを引き連れて中国入りした。ただ、同行した閣僚は2名のみで、連れて行ったら問題になるだけのベアボック外相やハーベック経済・気候保護相、兼副首相は蚊帳《かや》の外だった。

実は2023年、ベアボック外相は米FOXニュースのインタビューで、習近平国家主席を独裁者呼ばわりし、中国に格好のドイツ攻撃の原因を提供した。そうでなくてもベアボック氏は、外相としての実力もないまま、あちこちでやたらと人権や価値観の多様化などを説いて回っては嫌われている。

以前のドイツの外交は、お財布をうまく使いつつ、それなりのメリットも手にしてきたが、現在はお金はバラ撒いても効果は希薄。教師ヅラのベアボック氏は、以前は各国がドイツに対して示していた敬意の念まで、すっからかんに擦《す》ってしまった。中国との関係も拗《こじ》れたままだ。

ただ、緑の党はもちろん、社民党の一部の政治家も、ドイツには切るカードがなくなりかけていることに気づいていないようだ。ドイツは人権と気候と動物を大切にする国であるべきで、脱炭素を実現すれば経済が発展し、幸福な世界が実現されるという絵空事をいまだに発信し続けている。

夢から目が覚めたドイツ国民

しかし、つい最近までそれに共感していた国民も、今やすっかり夢から覚めた。脱炭素やフェミニズム外交で踊らされていた間に、ドイツの経済成長はEUの中でも下から数えた方が早くなった。

倒産は鰻登りで、このままでは自分がいつ失職するかもわからず、脱炭素どころの騒ぎではない。緑の党の支持率は暴落している。

一方、今やＥＶ車の覇者となりつつある中国は、ガソリン車を禁止するなどという馬鹿げたことは考えない。発電の電源も、太陽、風、水、原子力、石炭、ガスと何でもあり。せっかく動いていた原発や、ハイテクのガス火力を止めるドイツとは思考回路が違う。ちなみに中国は、カーボンニュートラルはＥＵの10年後の２０６０年に達成する予定だそうだ。ドイツは45年、ＥＵは50年を目標としているから、まずは、各国が失敗するのを見極めるつもりだろうか。

4月のショルツ首相の訪中が終わると、5月の初めには、今度は習近平国家主席が、フランス、ハンガリー、セルビアを訪問。フランスはいつも通りの全方位外交で、中国には敵対もせず、媚《こ》びもせず。一方、ハンガリーとセルビアは中国とは良い関係を保っている。

さらに付け加えれば、この3カ国はロシアとも断絶しているわけではなく、当然、ＥＵのフォン・デア・ライエン欧州委員長の方針とは相容れない。ということは、現在起こっていることはＥＵの分断と言えるのだろうか？　もし、そうならば、それこそ中国の思うツボ。中国、恐るべし、である。

世界がだんだん弱肉強食の色を帯びてきている今、一時は経済に突出したものの、軍事力のまったく伴わないドイツと日本（ドイツは軍隊はあっても中身はポンコツ）は、やはり行動様式が似ている。今やどちらも米国の言うなりで、中国にも頭が上がらない。

ただ、実は、ドイツの一部の政治家は、主権を保つためには軍事力の裏付けが必要だということで、すでに動き始めている。一方、日本はドイツとは異なり、その中国の核の射程にすっぽり収まっているというのに、皆が憲法の前文通り、「平和を愛する諸国民の公正と信義に信頼して」いるので動じることもない。「攻め込まれないためには軍事力が必要だ」と言っても、聞く耳さえ持たない。ここまで丸腰の平和主義では、政治家は当然、中国には何事もお願いするしかないだろう。

つまり日本は、そういう媚中政治家が中国のご機嫌をとってくれているお陰で、占領されずにいられるのかもしれないと思うと、何だか悲しい。

ドイツと日本はやっぱり似ている。

2 中国頼みの「EVシフト」は自滅への道

フォルクスワーゲン社の大失敗

2023年9月14日、フォルクスワーゲン社のツヴィッカウ工場で、従業員総会が開かれ、1万7000人の従業員のうち、269人の雇用契約が更新されないことが発表され、話題になった。

本人と家族にとっては悲劇だ。しかも、それ以外にも、1年の雇用契約で働いている従業員がまだ2000人近くいるらしいから、その人たちの運命も安泰とは言えない。この不景気の下、今後、彼らの解雇も時間差で告知される可能性がある。

ツヴィッカウは旧東独のザクセン州の町だ。1990年の東西ドイツの統一直後、フォルクスワーゲン社は同地に進出し、以後、ほぼ30年間、主にゴルフ（小型乗用車）を営々と製造してきた。

同社は同じくザクセン州の州都のドレスデンとケムニッツ（旧名・カール・マルクス市で旧東独の工業の中心だった）にも工場を持つ。発展がスムーズにいかなかった旧東独地域において、それらが景気高揚の活性剤として重要な役割を果たしたことは言うまでもない。

ところが、そのフォルクスワーゲン社に転機がやってくる。2015年、目玉のクリーン・ディーゼル戦略が不正ソフト事件で崩落し、試行錯誤の末、同社は未踏のEV生産に全面的に舵を切り換えたのだ。メディアはこれを、未来のための英断として称賛。それに伴いツヴィッカウでは、2020年2月に最後のガソリン車が製造された後、工場が12億ユーロ（現行レートで約1800億円）をかけてEV専用にリニューアルされた。

また、それと並行して2021年、本体のフォルクスワーゲングループが、2030年までの経営戦略「NEW　AUTO」を発表し、CEOのヘルベルト・ディース氏が、「未来の自動車、未来のパーソナルモビリティは光り輝く！」とEVシフトを大々的に宣言した。当時、中国がすでにEV戦略を明確に立ち上げており、中国市場に依存するフォルクスワーゲン社としては、「EVをつくらなければ生き残れない」という焦りもあったに違いない。

とはいえ、中国で売るためのEVシフトとは、流石に公言できなかったのだろう、同社は、地球温暖化を防止するためにはEVが必須であるという理論で武装し、さらに、ドイツ政府のお墨付きと援助もゲット。9年後の2030年にはEVのシェアを50%にするという強気の計画を打ち立てた。また、EUの欧州委員会が、CO_2による地球温暖化説を強力に主張していたことも、強い追い風となった。

こうして、ドイツ国民も地球を守るためにEVシフトを強いられることになったが、今では地球温暖化説はさらにエスカレートし、国連総長のアントニオ・グテーレス氏が恐怖の地球沸騰説を唱えている。

EVの売り上げは壊滅状態

さて、リニューアルが完了したツヴィッカウ工場に話を戻すと、ここで、2021年は約18万台、2022年は21万8000台のEVが生産された。生産可能台数は年間30万台というから、生産台数は今後も順調に伸びるはずだった。

ところが、2023年は売上が激減。しかも、9月1日からは法人用のEV購入補助が外れたことで二進も三進も行かなくなり、生産短縮のため、急遽、リストラとなった。さらにその後、個人購入の補助も、突然、中止された。こうなると売上回復の見込みなど、もうない。

また、インフレも売上の落ち込みに拍車をかけている。ただ、インフレが収まればＥＶの売上が戻るかというと、おそらくそれもノー。というのも、充電システムを販売している会社の委託で行われた最近の調査では、ＥＶ所有者のうちの大半が、現在、ＥＶを購買したことを後悔しているという結果が出ているからだ。その後悔の最大の理由が、電気料金の高騰にあることは言うまでもない。

現在、ドイツでは電気は恒常的に欠乏物資だ。しかも、電気はほぼ毎日足りず、隣国から輸入している。ＥＵでの電気の市場取引価格は需要と供給の関係で絶えず上下するが、以前は１メガワットアワー当たり平均60ユーロだったのが、現在は、ドイツの購入時はほぼ必ず１００ユーロ以上で、時には２００ユーロを超える。23年８月11日19時には、５２４ユーロという過去最高の高値が記録された。

それが逐一そのまま末端の電気料金に反映されるわけではないが、すでにドイツの電気料金はＥＵ各国の中で一番高い。ということは、世界でも一番高いかもしれない。そんな国でＥＶを買うのは、確かに博打だ。

いずれにせよ、ドイツのＥＶの売り上げは現在、壊滅状態で、売れるとすれば、中国製のＥＶのみ。今後の展望は見えない状態だ。

電気供給の不安定化は文明の退化

その政府が、今、潤沢な補助金を出して、自宅でのＥＶの充電装置の設置を熱心に進めようとしている。ただし、その場合、スマートメーター付きの充電装置でなくてはならない。スマートメーターというのは、ひと言で言えば、電気の使用量を遠隔装置できるメーターだ。つまり、電気の逼迫時には、送電会社は遠隔操作で、各家庭のＥＶ充電用の送電を絞ったり、あるいは止めたりすることができる。

現在、先進国といわれている国々では、過去１００年間、いかに多くの電気を、安価で安定的に供給するかということが、産業の発展、および国民生活の質の向上のための最重要課題だった。暑くても寒くても、３６５日、24時間、安心して電気が使えることは文明国の必須条件で、それを立派にやり遂げたのがドイツであり、日本だったのに、今のドイツ政府にとっては、そんなことは大切ではない。それにしてもドイツの国民は、プラグを差してもコンセントに電気がないような状態をちゃんと想像できているのだろうか。

実は2年ぐらい前、欧州議会にいる緑の党の議員が、「将来は、電気の供給量を需要に合わせるのではなく、需要を供給量に合わせていくべき」と言っていたのには笑えたが、2024年8月末に、ハーベック経済・気候保護相が発表した新しい電力計画を見た時には、私の笑いは凍りついた。

というのも、氏の計画では、将来、風や太陽が十分な電気を供給できない場合は、価格を高くして、需要の抑制を図るという。つまり、「太陽が照り、風況の良い時に工場をフル回転し、そうでない時は、生産を絞りなさい。お天気が悪く、電気が逼迫している時に無理やり工場を稼働しようとしても、電気料金が高いので無駄ですよ」ということだ。まさしく需要を供給に合わせるわけで、産業革命前に逆戻りだ。

これが、曲がりなりにも世界で有数のハイテク工業国であるドイツの経済相の言葉だと思うと、正直、空恐ろしい。ここまで科学を蔑《ないがし》ろにし、産業の足を引っ張っても良いものかと、怒りさえ感じた私だったが、ハーベック氏は、「エネルギー転換により、これからは電力の柔軟な活用が製造活動の基礎となる」と澄まし顔。しかも、ドイツとは不思議なところで、この意見が主張された時、拍手をした議員もいた。ただ、産業界は驚愕し、これまでどうにか頑張ってきた企業まで、皆、逃げ出す算段を始めたことは間違いない。

ガソリン車の人気は落ちていない

フォルクスワーゲン社が、「EVの未来については100%確信している。EVシフトの経営方針の変更は想定しない」と言っていたのは、つい最近のことだが、2024年9月2日、手のひらを返すように、本社ヴォルフスブルクの工場閉鎖の可能性を発表した。これが、前述の「電気の配給制」と直接関係しているとは思わないが、自動車メーカーが、ここまでエネルギー供給が破壊されてしまった国でEVシフトにしがみついても、近い将来、潤沢に利益が上がることはないだろうと考えたとしても不思議ではない。

そもそも現在のドイツでは、CO_2の削減が国是となり、ガソリン車が敵視されているが、実際にはガソリン車の数は増えている。2012年から2022年までの10年間で、一家で車を2台持っている世帯は、24・5%から27%に増えた。また、2023年1月1日の時点で、登録されている車は4880万台で、これまでの最高新記録。ちなみにEVは、そのうちのたった2・1%だった。

つまり、いくら政府が「脱炭素」の笛を吹いても国民は踊らず、ガソリン車の人気も落ちていない。言い換えれば、ともに笛を吹いていたドイツの自動車メーカーも、実は、ガソリン車をまだたくさん製造しているということだ。

フォルクスワーゲン社は、国内の工場を閉鎖しても、中国の安徽省にあるEVの工場の拡張には25億ユーロを投じているから、まるでEVシフトの経営方針を変更したわけでもなさそうだ。いずれEVが主流になっていくことは否定せず、しかし、今のところ、ドイツで計画していたEVの製造はご破産にするということだろう。

現在、フォルクスワーゲン社に関しては、すでに10年も前から経営状態が非常に悪かったとか、26年までに50億ユーロが不足するとか、経営が杜撰《ずさん》で破綻は当然だとか、否定的なことばかりが報道されているが、私としては、少々疑っているところもある。もちろん目下のところEVシフトは大失敗したが、前述の通り、ガソリン車は売れているし、それどころか営業利益は落ちていない。要するに、ほかのいろいろな企業と同じく、フォルクスワーゲン社も、エネルギーが不安定で、長期計画を立てることもできないドイツという国から逃げ出したいだけではないか。

しかも、EV部門では、はっきり言ってライバルが強すぎる。ドイツでまともに中国メーカーと戦っても、太刀打ちできるはずもない。ドイツ経済の実態とは、「EUを一歩出れば（為替調整が行われれば）、ハイブリッド車などの先端技術では日本勢に歯が立たない上に、中国や韓国が製造する『安い製品』にも対抗できない」（「現代ビジネス」「ドイツを見よ！EV化の惨めな結末～フォルクスワーゲン減産、結局、脱炭素は『三流国』への道？」2023年9月11日）と大原浩氏は指摘されていたが、これがおそらく真実だ。

こうなると、日本の自動車メーカーは、ドイツの非現実的な愚策などに惑わされず、自主性を持って独自の道を歩むのが良い。EUがあらゆる手を使って締め出そうとした日本のハイブリッド車が、さりげなく売り上げを伸ばしているのが、その証拠だ。環境にあまり負荷をかけず、しかも国民の利便を重視した本当の意味で高品質な車をつくるチャンスは、今、幸いにも日本のメーカーの手の内にある。

3　弱体化したドイツ軍に手を伸ばす中国

日中戦争の再現か――中国軍を支えるドイツ退役兵

2023年6月初め、ドイツ連邦軍の複数の退役パイロットが、中国人民解放軍で戦闘機部隊の指導に当たっているというニュースが流れた。「シュピーゲル」誌とZDF（ドイツの公営第2テレビ）が共同取材で得た情報だといい、これについてはNATOも中国側も否定していない。

同記事によれば、過去に3人の連邦軍の元パイロットがインド洋のセイシェル諸島にコンサルティング会社を設立し、そのペーパー・カンパニーを通じて高額な報酬を受け取っていることが、「パナマ・ペーパー」がきっかけで明らかになったという。

いずれにせよ、NATOの一員であるドイツの元軍人が、中国に何らかの軍事協力をするとは、かなり非常識なことだ。しかも、この状態が少なくとも10年も前から続いているというから、国防省や連邦軍がまるで気づいていなかったとは考えられない。

これを聞いて日本人として思い出すのは、大東亜戦争前の独中合作である。ドイツと中国の協力体制は清国の時代より強固だったが、1933年にナチが政権をとってからはその関係がさらに強まり、100名を超えるドイツの軍事顧問団が中国軍の近代化に携《たずさ》わった。そのため、1937年に始まった日中戦争では、日本が戦った相手は中国軍でなく、ドイツ軍だったと言われたほどだ。

今回のケースは、もちろん当時とは異なり、ドイツ政府の意向ではないが、しかし、結果として、中国軍がドイツの軍事専門家によって指導され、強化されることに変わりはない。しかも、こうして強くなった人民解放軍の戦闘機部隊の矛先《ほこさき》は、有事の際、必ず日本に向かってくるのである。中国の仮想敵国が日本であることは、日中戦争時代から一貫して変わっていない。

ただ、「シュピーゲル」誌によれば、中国軍に引き抜かれたパイロットはドイツ人だけでなく、米国人パイロットが一人、中国軍に協力した疑いでオーストラリアで逮捕されているというし、英国ではすでに30人ものパイロットが、同じ理由で監視下にあるという。

つまり、独中合作どころか、オーストラリアも米国も英国も、皆で中国軍を強化してくれていたわけだ。日本は早急に目を覚まさなければならない。

ドイツ軍人への中国のリクルートは止まらない

2023年6月初めには、シンガポールで「シャングリラ対話（アジア安全保障会議）」が開かれた。これは、アジア・太平洋地域の国防相、および民間シンクタンクなどが集まる恒例の大イベントで、毎年、シャングリラホテルで開かれるのでこう呼ばれる。

このときの会議のハイライトの一つは、3月に就任したばかりの中国の李尚福《りしょうふく》国防相の講演だった。その中で氏は、平和を祈念し対話を望む中国を強調。また、米中の対立が「世界にとって耐え難い災難となる」ことを警告し、「一部の国」のアジアでの軍拡を非難した。一部の国とはもちろん米国だろうが、しかし、アジアの空と海で一番強引に勢力範囲を広げているのは言うまでもなく中国だ。

シャングリラ対話では、多くの国防相が一堂に会するため、この機を利用し、2国間の会談も組まれる。ただ今回、米国と中国の会談はなかった。中国側が米国からの打診に応じなかったという。

一方、ドイツのボリス・ピストリウス国防相は、3日、李尚福国防相と会談を持ち、その場で李尚福氏に対し、ドイツ軍の元将校の起用を即刻止めるよう厳重に申し入れたという。ところが、李尚福氏からは大したリアクションもなく、〝暖簾《のれん》に腕押し〟状態だったようだ。

そんなわけで、会談後に2人が両国旗の前に立った公式写真では、ピストリウス氏が苦虫を噛み潰したような顔をしている。片や李尚福氏は、彫刻のように無表情。軍事においても、商業と同じく、もはやドイツは中国と対等ではなくなっていると感じる。

ドイツの元パイロットが台湾攻撃のシナリオを作成か?

ドイツのパイロットに話を戻すと、今になってドイツの軍事防諜機関(MAD)は、何が漏洩《ろうえい》したかの調査に入っているという。具体的にMADが強く疑っているのは、戦時におけるNATOの兵器や兵士の投入計画と、戦闘部隊のトレーニング方法の漏洩。また、ドイツの元パイロットが台湾攻撃のシナリオを作成し、その訓練を指導したことは確かだという。日本政府は、そんな話を聞いて、何とも思わないのだろうか。

「シュピーゲル」誌によれば、2014年、米国当局は、中国のローデ・テックというコンサルティング会社を制裁リストに入れた。同社の社長は人民解放軍の元将校の息子で、中国に航空関係の会社も持っている。そして、実は、複数のドイツ人の元パイロットが、この会社の斡旋で中国に渡っている。これらが真実なら、ドイツは中国による日本攻撃を裏から支援しているようなものだ。日本政府は、ドイツ政府に調査の一つぐらい要請すべきではないか。

「ミュンヒナー・メルクーア」紙は、彼らが中国軍に協力している理由は、思想的な動機からではなく、単に、プロのスポーツ選手並みの破格の報酬のせいだったと見ているが、だからと言って、ことの深刻さが軽減されるわけでもない。

連邦軍の戦闘機パイロットの定年は41歳。それ以上になると、反射神経が鈍《にぶ》り、視力も落ちるという。ただ、41歳というのはまさに壮年で、戦闘機の操縦には不適格だとしても、まさか家で寛《くつろ》ぐ年齢ではない。しかも、子供がいるとすれば、まだ学業の途中だろう。

ところが、リタイア後の年金は最後の収入の50％と定められているため、当然、皆が二度目の就職を模索することになる。その結果、パイロット養成学校の講師に収まるケースも多いというが、そんな中、少なくとも10年前、何人かが中国のヘッドハンターに引き抜かれたわけだ。

そのため一部の政治家の間では、「年金が少ないからこういうことが起こるのだ。年金をもっと上げろ!」という声も高まっている。確かにドイツ軍は恒常的に金欠で、装備はボロボロ、兵士も足りず、戦力も士気も低下していることが、10年以上も前からしばしば指摘されてきた。繰り返しになるが、これは16年間政権を握っていたメルケル前首相が意識的に行ったことだと、私は見ている。

メルケル氏は徴兵制を停止し、軍事費も絶対に上げなかった。また、一時、男性の国防相、ツー・グッテンベルク氏の人気が上がりすぎ、次期首相という声まで出たことを嫌い、氏が唐突に失脚した後は、必ず女性、それも、軍事などとは全く縁のなさそうな女性を起用した。例えば、フォン・デア・ライエン氏。

もともとドイツでは、軍隊はあまり尊敬も感謝もされておらず、戦争好きの輩の集団といった偏見が根強かったが、それがメルケル政権下ではさらにエスカレートした。ここ数年は、兵士の愛国心が行き過ぎると、すぐに極右思想の嫌疑がかかるようになってきたほどだったから、国防という概念のどこか根本のところが、よれよれになってしまっていたのかもしれない（これも日本と似ている）。だから、元パイロットたちも、それほどの抵抗もなく、お金のために中国軍を指導できたのだろう。

なお、メルケル後、政権が社民党に変わっても、相変わらず女性国防相は踏襲されたが、ウクライナ戦争が始まると、流石に軍事オンチの国防相では無理があった。そこで2023年、ピストリウス氏に交代し、10年ぶりに徴兵経験のある国防大臣と話題になった。

ピストリウス氏は現在、連邦軍を立て直そうと奮闘中だが、その途端、人気急騰で、今や政治家の人気ランキングで1位。ひょっとして、ドイツ国民は、本当は強い国防相を望んでいたのかと思えてくるほどだ。

9月13日には、ちょっとした出来事が起こった。ドイツ海軍のフリゲート艦と補給船が、韓国からフィリピンに移動する際、中国の強い警告を受け入れず、台湾海峡を通過したのだ。中国は、この海峡を自国の領海だと主張している。

しかし、ピストリウス氏は怯《ひる》まず、「公海は公海。（中略）だから、我々は通過する」とし、本当に2隻を通過させた。中国はいきりたっていたが、氏は、今、国民が自分に期待しているのは、強いドイツであると認識しているのだろう。経済も軍事も負けていては、国民が欲求不満に陥る。

翻って日本はというと、少しでも中国に楯突く政治家は見当たらない。核保有国3カ国に囲まれ、そのうち少なくとも2カ国はことさら反日感情が強いし、ミサイルもしょっちゅう飛んでくる。ここまで不穏な状況では、大国中国には恭順の意に徹するのも仕方ないのだろうか。

ただ、政府は、核の抑止力の構築までは無理でも、有事の時に本当に国民を守れるよう、しっかりとした国防強化計画を打ち出し、せめて核シェルターの建設には取り組んでもらいたい。

ところが岸田文雄前首相は、自国の防衛よりも、核廃絶という見果てぬ夢を唱えて悦にいっていた。もう少し、国防に力を入れていれば、ピストリウス氏の場合と同じく、人気上昇というおまけまでついてきたかもしれないのに。

終章

日本はドイツよりも先に「米国依存」から脱せよ

結局、戦争抑止に有効なのは「核兵器」しかない

「これはあまりにも複合的な問題であり、議論を始めるべきですらない」

核武装論議の過熱を恐れるあまり、ドイツのピストリウス国防相は、こう釘を刺した。ドイツの政治家の多くは、米国の大統領選が近づくにつれ、いや、正確に言うなら、トランプという名の大統領が再び出現するかもしれない日が近づくにつれ、傍目からもわかるほど神経質になっている。今回、降って沸いた核武装論も、2024年2月初め、トランプ元大統領が選挙演説で発した次の言葉だった。

「NATOのパートナーらが十分な国防費を負担しないなら、ロシアとの有事の際、彼ら西側を守るつもりはない」

実は、トランプ氏はこの時、核武装の「か」の字も言っていない。しかし、欧州議会のカタリーナ・バーレイ議員（ドイツ社民党）が、待ってましたとばかり勇み足をした。「ターゲスシュピーゲル」紙の取材に対し、「トランプ氏は信用できない。そろそろEU独自の核兵器が議論の対象になっても良いのではないか」と言ったのだ。バーレイ氏は、当時、迫っ

ていた6月の欧州議会選挙に、ドイツ社民党の筆頭候補として再度立候補する予定だったので、目立つ言動が必要だったのかもしれない。EUの核兵器といえば、フランスはすでに持っているから、国力から考えても、次は必然的にドイツとなる。

このせいでドイツは突如、核の抑止力をめぐる議論が高まるかのような雰囲気に包まれた。そこで、あわてたピストリウス国防相が冒頭の言葉を発し、さらに、「蛇に睨《にら》まれたカエルのように、米国の選挙を見ていても仕方がない。それよりも、我々に与えられた宿題をすべきだ」と諭した。要するに、国防費を増やそうということだ。

もっとも、これまでNATOの国々に向かって国防費を増やせと迫ったのは、トランプ大統領が初めてではない。オバマ大統領も、それ以前の大統領も常に言っていた。

骨抜きにされたドイツ、牙を抜かれた日本

NATOの中でも特にドイツは、二度と軍事大国にならないようにと旧連合国に首根っこを抑えられていたため、これまでお金のかかる核開発は、する機会も必要もなく、おかげでいつの間にかヨーロッパ一の経済大国になれた。

とはいえ、1980年代の初めまでは東西ドイツ間の緊張があったので、核兵器こそつくらなかったが、軍事費がGDPの3%を割ることはなかった。しかし、冷戦の終了後は緊張が一気に解け、統一ドイツでは、間もなく国防など誰もそれほど重要だとは思わなくなった。以来、ドイツの国防費はコンスタントに減り、ここ20年以上1〜1・3%で、いくら米国からクレームが来てものらりくらりとかわし続けてきたのである。

現在、ドイツ軍の装備は惨憺《さんたん》たるもので、飛行機も戦車もろくに動かないと言われ始めてすでに久しい。軍事演習の時に多くのヘリコプターが整備不良で飛ばせず、ADAC（ドイツ自動車連盟＝日本のJAFのような組織）から借りてきたという笑えない話もある。

だからこそ、ロシアのウクライナ侵攻後、ドイツ政府は泡を食って、国防強化のために急遽、1000億ユーロもの追加予算を組んだ。しかし、そのお金が実際に投入され、有意義に使われているという話はいまだに聞かない。

そのせいなのかどうか、軍がその運航を担当する政府専用機も故障が絶えず、以前より問題視されていた。政府専用機が故障し、政治家が外国で足止めを食ったことも幾度となくあった。

思えば、国防に関しては、日本もドイツとよく似ている。戦後、やはり牙を抜かれた日本は、軍事ではなく、経済発展に注力した。核兵器どころか、原発にもかなりアレルギーがあり、平和ボケで、国防費はケチる。書きながら改めて思うが、有事の際には数日で弾丸が尽きると言われているところまで含めて、まるでドイツとそっくりだ。

ところが、最近になって世界情勢は風雲急を告げ、ドイツも日本も呑気に構えてはいられなくなってきた。状況が不穏になると、必ず話題になるのが核の抑止力だ。つまり、ロシアがウクライナに向かって核兵器を使いそうになった時、あるいは、日本が北朝鮮や中国に狙われた時、米国は核の傘で遠くの同盟国を守ってくれるだろうか、という話だ。

自分の国を自分で守るには、それなりの準備がいる

中国、あるいは北朝鮮のタガが外れて、東アジアに有事が起こったと仮定すると、まず狙われるのは米軍基地だ。基地は日本だけでなく韓国にもあるが、そもそも韓国は、隣で睨みを効かせる中国や北朝鮮に逆らえるだろうか？　言われるがままに米軍を追い出すというようなサプライズが起こっても不思議ではない。

では、日本は？　米軍が犠牲的精神を奮って日本を守ってくれると思っている人は、流

石にもういないだろう。ただ、だからといって、「では、この危険な状況をどうにかしなくては！」とならないのが、日本が平和ボケたる所以だ。

以前の私はこれが歯痒く、なぜ日本政府は、中国に尖閣諸島を取られそうになっても見て見ぬ振りをしているのかと憤り、「独立国なら自分の国は自分で守るべきだ」などと憤慨したものだ。しかし、実は最近、その考えはだんだん翳《かげ》り始めている。

なぜか？　自分の国を自分で守るには、それなりの準備がいる。丸腰で強がりを言っていても、喉元にナイフを突きつけられたら、その後は知れている。つまり、こちらも少なくともナイフを持ち、相手が自分に襲いかかるのを躊躇《ちゅうちょ》させなければならない。それがいわば核武装であり、抑止力だ。しかしながら実際問題として、日本の核武装などあり得ない。だから、中国に何をされても日本政府が見て見ない振りをするのは、消極的な国防なのだ。しかし、このままでは日本はいずれ滅ぼされる。

最近、マクロン仏大統領がウクライナ支援の会議で、「フランスはウクライナに派兵する可能性を否定するわけにはいかない」と述べて物議を醸《かも》した。その真意はわからないが、それをあわてて否定したのがドイツのショルツ首相だ。思っていることを堂々と言えるかどうかの違いも、核を持っているか否かの差から来るように思える。

ドイツはホロコーストのトラウマがあるため、軍事力や戦闘心を誇示《こじ》するような言動は極力慎む。その証拠に、本来なら国家の財産であり、重要なライフラインでもある天然ガスのパイプラインを（おそらく同盟国の手によって）破壊されても、ろくに調査もできない。つまり、脅《おど》してくるのは必ずしもロシアや中国だけではなく、同盟国の顔色まで見なければならないところも、日本とよく似ている。

勝っても負けても犠牲の出るのが戦争で、もちろん、誰も戦争などしたいはずはない。しかし、たとえ世界中の人間が平和を望んだとしても、利害が常に一致するわけではなく、図らずも争いは起こる。そして、利害が複雑に対立すればするほど、争いの前線も複雑になる。そんなとき、国家を超えた調停機関など役に立たず、話し合いも機能しないことは、今のウクライナやパレスチナ問題を見ればよくわかる。結局、核兵器が戦争抑止に有効な手段である現実は、今も変わっていない。

六ヶ所村で完成間近の「原子燃料サイクル」が抑止力になるワケ

核の拡散を防ぐためのＮＰＴ（核不拡散条約）という条約がある。１９６８年に国連で調印され、これにより世界の国々が「核兵器国」と「非核兵器国」に分けられた。「核兵器国」はアメリカ、ソビエト（当時）、イギリス、フランス、中国で、この5カ国だけが核を保有できる。しかし、それ以外の185カ国の加盟国は、核兵器の製造も所持も永久に禁止という面妖《めんよう》な条約だ。独立国でありたい国々は、当然、これを蹴飛ばした。

NPTについて青山学院大学の福井義高教授は、著書『優しい日本人が気づかない残酷な世界の本音』（ワニブックス）で、「核武装するかどうかは日本の国民が決めることであり、不平等条約で縛られる性格のものではない」と語っている。だからこそ、「令和の日本には二十世紀最大の不平等条約改正を目指してほしいものです」と。多くの識者といわれる人たちが奉るNPTを不平等条約と言い切ったところが、実に清々しい。

ただ、肝心の日本人は、NPTをことさら不平等とも思っていないようで、どちらかというと「非核兵器国」であることを誇りに思う人たちもいる。それどころか彼らは、原子力の平和利用にさえ二の足を踏む。

青森の六ヶ所村で完成間近な「原子燃料サイクル」とは、使用済み核燃料からウランとプルトニウムを取り出し、それをもう一度核燃料に再加工して、発電に使う技術だ。これが順調に稼働すれば、全国の原発から出る核廃棄物の量は減らせるわ、自前の核燃料はつくれるわで、〝エネルギー貧国〟日本の未来はかなり明るくなる。

ただ、再処理とはウランの濃縮であり、一歩進めれば原爆をつくれてしまうという危険な技術でもあるため、本来はＮＰＴ条約により、「非核兵器国」が行うことは許されていない。現在、日本だけが世界で唯一の例外としてこの技術を認められているが、その代わり、六ヶ所村にはＩＡＥＡの査察官が24時間張り付いて、日本が原爆をつくらないよう厳重に監視している。

当然、この六ヶ所村の特別扱いを嫌がっているのが、日本国内の反原発派と、お隣の中国だ。「原子燃料サイクル」の完成とは、まさしく日本のエネルギー戦略の増強であり、さらに言うなら、日本がその気になれば、原爆をつくる能力があることの証明でもある。つまり、日本側が意識しようが、しまいが、これで少しは抑止力の足しにもなる。だから、中国が嫌がる。

米国からのシグナルを見極めろ

さて、近い将来、米国が、「もう核の傘は閉じたい。国防は自分でやれ」と言い出すような気がする。もし、そうなれば、それは日本に核を持てというシグナルだ。

トランプ氏が再び大統領になったら日本にとっての脅威となるなどと言う人もいるが、米国の力が次第に弱まっている昨今、誰が米国大統領になっても、最終的には、米国は自分たちで犠牲を払ってまでも日本を守ってくれることはないだろう。つまり、いずれ核の傘は閉じられる。ただ問題は、はたしてその時、日本は中国や北朝鮮との緊張に耐え、今こそ真の独立国にならねばと思えるのかどうか？　心の準備だけは必要だ。

今すぐ日本で核保有論が盛り上がるとは思えないが、米国に頼ってばかりはいられないという認識は、急速に広がりつつある。南方では、中国に尖閣諸島が取られかけているかと思えば、北ではロシアが領空侵犯を仕掛けてくる。靖國神社を汚され、それどころか、何の罪もない子供が殺されても、正しく対応できない岸田政権に対する失望感が国民を目覚めさせ、このままではまずいという危機感を少し根付かせたような気もする。「これでは、やられ放題だ」と。だから、もし今、「日本も独自で国防を！」と声を上げる政治家が出現すれば、案外、世論はそちらに靡《なび》くかもしれない。

ただ、もし、そうなっても、私は、日本人が有事の際、武器を持って立ち上がるとは思わない。そもそも、そうならなくて済むための国防である。戦後80年近くの教育は暴力を否定してきたし、戦争忌避《きひ》論はすでに我が国の根幹である。だからこそ、攻め込まれないための手段として、抑止力の重要性をより正確に認識する必要がある。それと同時に、核以外の抑止力も積極的に模索すべきだと思う。

一歩間違えれば自らが戦場に駆り出される若い人たちの間で、冷静な抑止力構築論が高まっていく可能性に期待している。

歴史がタブーな日本とドイツ

戦後の日本人が教わってきた歴史は、米国の書いた正史だ。それによれば太平洋戦争は、「軍国主義に走り、アジアの征服を試みた日本に米国が鉄槌《てっつい》を加えた」もので、だからこそ、無辜《むこ》の民間人の上に原爆を2発も落とされても、東京空襲で一夜にして民間人を含め10万人を殺されても、日本人は何も言わない。

政治家が、なぜ米国はこのような戦略的に無意味な殺戮《さつりく》に踏み切ったのかなどということを一瞬でも口にしたら、即座に修正主義者の烙印《らくいん》を押され、下手をすると粛清されてしまうのかもしれない。

故安倍晋三首相は、2006年、自著『美しい国へ』(文春新書)で日本の美点を描き、憲法の改正を目指したら、たちまち戦争を美化しているとして批判された。あの頃はドイツの新聞までが、「修正主義者アベ」と書いた。

同様なのがドイツで、戦前までの歴史は、ビスマルクはもちろん、フリードリヒ大王まで遡《さかのぼ》っても、よく語られることはあまりない。自分たちの過去をここまで丸ごと否定できるのは、完璧を期すドイツ人の性格ゆえの功績か、あるいは縛りが頑強なのか？　要するに、ドイツの子供たちが学校で習う歴史も、旧連合国の書いたドイツ〝正史〟と言えるのではないか。

ただ、そうは言っても、一部の人を除いて、一般のドイツ人や日本人は、現在、語られている歴史に疑問を持っていない。それどころか、多くのエリートは連合国軍側に立ち、その歴史観を全面的に認め、自国を弾劾《だんがい》したのである。そして、今もそれは変わらない。

日本は米国から歴史を取り戻せ

ただ、世界のほかの国々が皆、日本やドイツのように素直かというと、もちろんそんなはずもない。ロシアも、中国も、イランも、韓国も、インドも、また、90年まではソ連のつくった歴史に縛られていた東欧諸国の多くも、今では皆、自分たちの歴史をそれぞれに伸びやかに謳っている。

「自らの君主の事績を記述することは、彼が王位につくことによって新しい世紀が始まる、それは幸福な歴史である、という確信が無ければ、不可能なのです」

これはウンベルト・エーコの小説『バウドリーノ』に出てくる主人公バウドリーノの言葉だが、ここにある「君主の事績の記述」とは、すなわちその国の歴史のことで、それは必ず、君主のために美化してあるという意味にとれる。

ドイツ語で歴史は「Geschichte」で、物語も同じく「Geschichte」。すなわち、歴史は、多かれ少なかれ物語だということを、ドイツ人は大昔から極めて正しく認識していたのだろう。言い換えれば、本来歴史とは、私たちにとって、正義や感動を散りばめた、栄光に満ちた「正史」で良いはずなのだ。ところが、それを戦後100％放棄したのが、ドイツと日本だった。

私は何も、事実を捻じ曲げてまで、自分たちに都合の良い歴史をでっち上げるべきだなどと言っているわけではない。真摯に検証した理論を発表したり、これまで事実とされていたことを、新しい研究によって修正したりすることさえ許されない今の状態が、おかしいと思っているだけだ。私たちにもそろそろ、自分たちで研究した、他国の強制から解放された歴史を紡ぐ時が来ているのではないか。

一方、同じ問題を抱えているのがドイツで、あれほど多くの哲学者、音楽家、詩人、科学者を輩出した素晴らしい国だというのに、今のドイツ人は自分たちの歴史を全く誇りに思っていない。それどころか、誇りに思うことを禁じられているようにさえ見える。ドイツの場合、全ての誇りがホロコーストのせいで潰されてしまったためだが、今ではそれすら誰も疑問に思わない。自分たちの過去に誇りを持ってはならないという縛りは、ドイツの方が日本よりも何倍も強いと感じる。

ただ、そのドイツと日本は、現在、なぜかフェードアウト中で、かつての経済大国の面影も次第に翳りつつある。さらに、幸か不幸か、最近は、これまでドイツと日本を縛ってきた米国の力も、急に弱まってきた。米国自体もフェードアウト中なのかもしれない。

だったら、ドイツとは違い、EUやNATOに加盟しているわけでもない日本にとっては、今こそがチャンスだ。戦後80年近くも続いてきた米国の統制を少しずつ薄め、主権を取り戻すにはどうすれば良いかを真剣に考えるべきではないか。

必要なのは、勇気と想像力だ。

そのための第一歩は、当たり前のようだが、日本の国土と国民を守ろうと思っていない政治家を選ばないこと。勇気と想像力のない政治家はいらない。

そして何よりも、修正主義などという誹謗中傷に負けず、まずは自分たちの視線で歴史を見直すこと。メイド・イン・アメリカの日本史は無謬《むびゅう》ではない。日本人が、日本人の公正な視点で歴史を検証し、日本の正史である〝物語〟を紡ぐことのできる日が来ることを、私は今も夢見ている。

あとがき

最新の情報を追記して、あとがきとしたい。

まず、2024年9月に実施された旧東独3州の州議会選挙の結果。この選挙は、ドイツの運命を決する選挙とまで言われた。

チューリンゲン州（図1）では、AfDが32・8%の得票率で、CDUを9・2ポイントも引き離して、第1党となった。ところが、CDUの筆頭候補は、「民主的な票による第1党は我々CDU」との屁理屈で、勝利宣言。自分が連立交渉を進めるという。AfDに投票した人々をここまで無視できるとは凄《すご》いことだ。

社民党（SPD）、緑の党、自由民主党（FDP）は、どれも壊滅。いうまでもなくこの3党は、現在、ドイツ政府の政権与党である3党と重なる。なお、緑の党と自由民主党は、5%条項をクリアできず、州議会の議席を失うことになった。

その反対に伸びたのが、BSW（サラ・ヴァーゲンクネヒト同盟）。1月にできたばかり

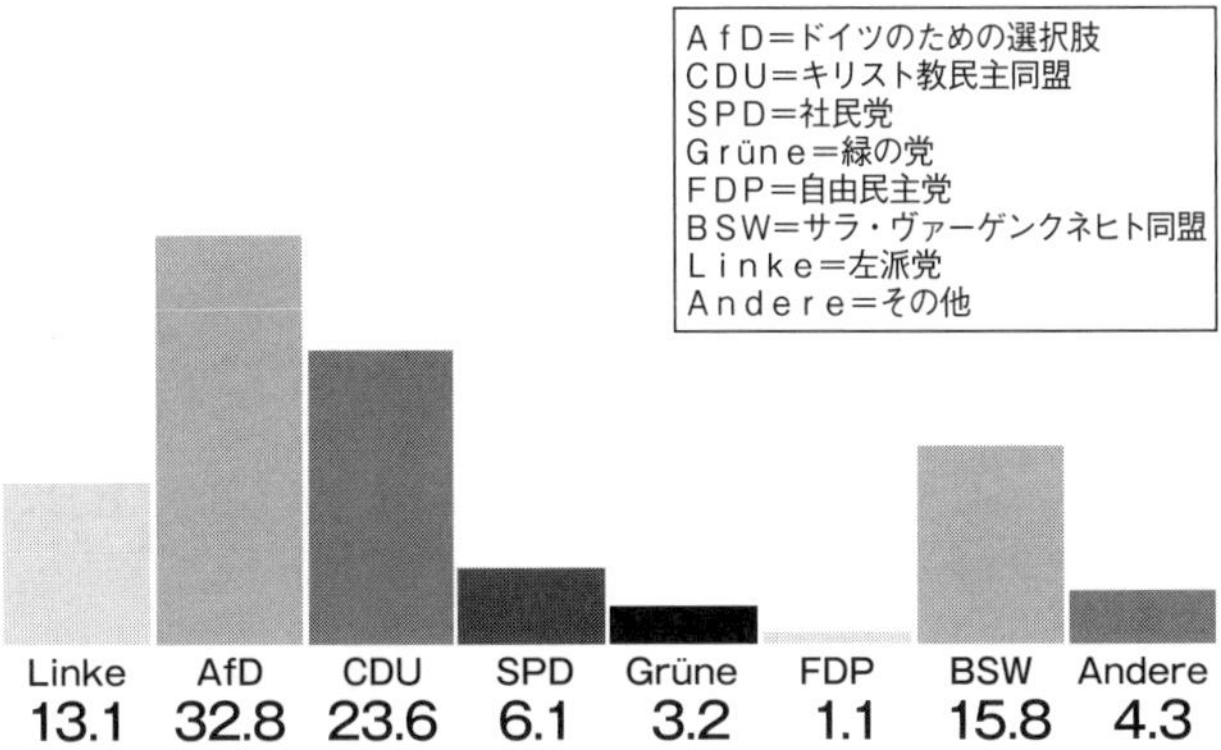

（図１）チューリンゲン州の州議会選挙結果

の党が最初の選挙で15・8％を獲得するなど、前代未聞の出来事だ。ただ、ＣＤＵは、ＡｆＤはもちろん、ＢＳＷとも連立はしないと言っている。というのも、ヴァーゲンクネヒト氏はその出自からして、どう見ても共産主義者であるからだ。

　チューリンゲンは、これまで左派党（Ｌｉｎｋｅ。こちらも共産主義を謳《うた》っており、ヴァーゲンクネヒト氏の出身党）が政権を握っていたという例外の州だったが、その左派党も13・1％と急降下した。結局、議席を確保できたのは、ＡｆＤ、ＣＤＵ、ＢＳＷ、左派党、そして泡沫政党となった社民党の５党だ。これでＡｆＤ抜きでまともな連立政権を打ち立てるのは、至難の業《わざ》である。

　さて、ザクセン州（図２）では、ＣＤＵが１・３

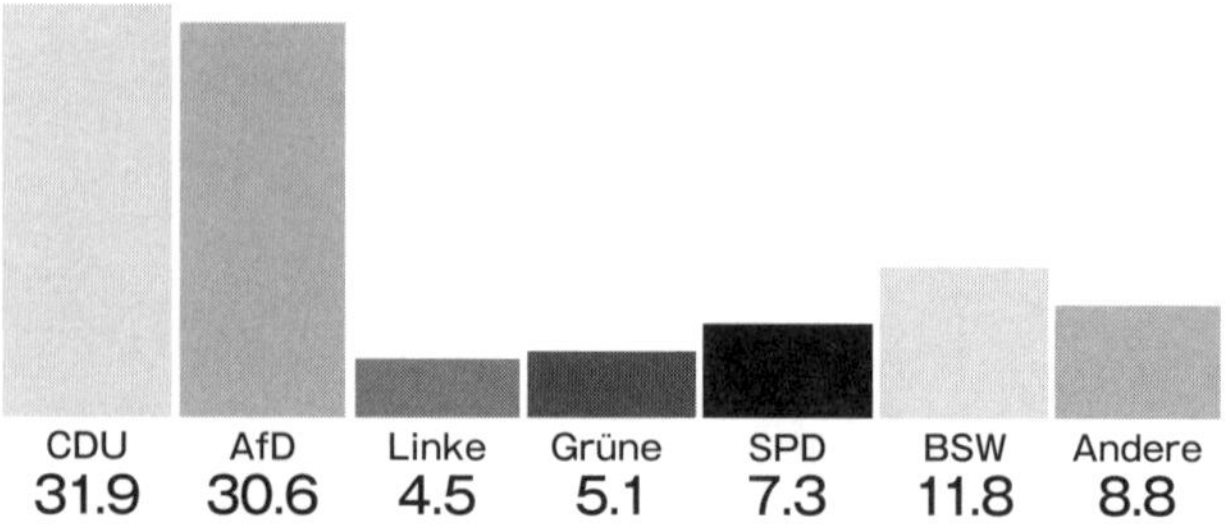

（図2）ザクセン州の州議会選挙結果

ポイントという僅差《きんさ》で、かろうじてＡｆＤを抑えて第1党となったものの、結果的にはチューリンゲン州と大して代わり映えはしない。

ここでも新党ＢＳＷが11・8％と第3党に食い込んだが、後は、皆、泡沫に成り下がった。緑の党はかろうじて5・1％で議会に残れたが、左派党は脱落。要するに、ＣＤＵは、ＡｆＤ以外のほぼ全ての党と連立しなければ、過半数は取れない状態だ。しかし、それで果たして現実的な政治ができるのだろうか。

2週間遅れで22日に選挙があったブランデンブルク州（図3）では伝統的に社民党が強く、とりわけ、過去10年間、州首相を務めたディートマー・ヴォイトケ氏の人気が高かった（州議会選挙は5年ごと）。ところが現在、ここでもやはりＡｆＤが急激に伸張。

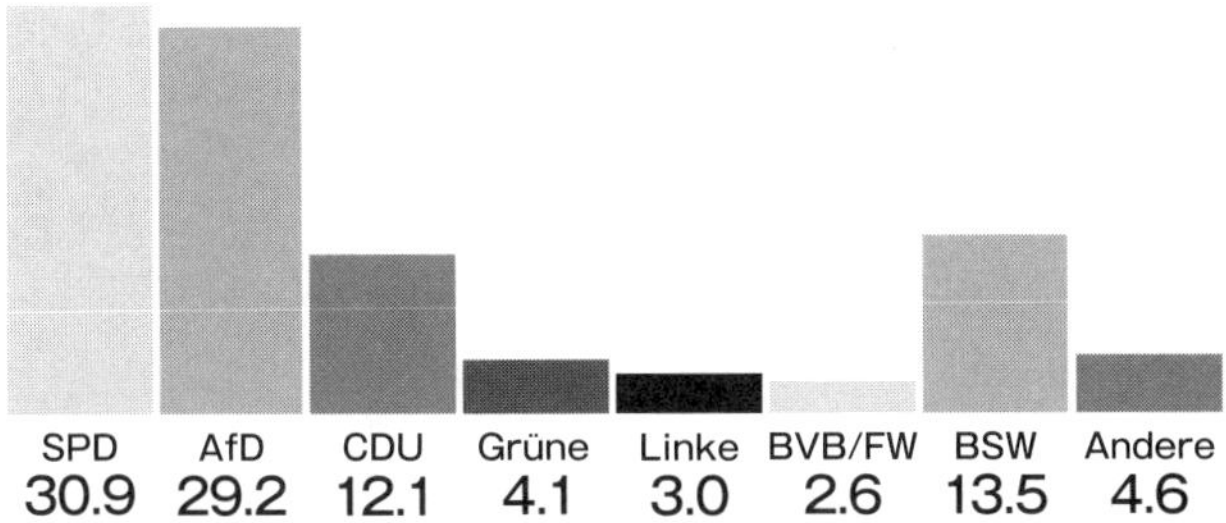

(図３)ブランデンブルク州の州議会選挙結果

選挙前、既存の政党は皆、先の2州の選挙結果に激しく慄《おのの》き、「ＡｆＤを勝たせてはならない！」という空気が一段と強まった。その結果、激しい選挙戦ではあったものの、肝心の政策論争は忘れ去られ、目標はただひとつ。いかにしてＡｆＤを潰すか？

しかもブランデンブルクの社民党では、国政で人気が落ちるところまで落ちてしまっているショルツ首相に足を引っ張られては適わないとばかりに、ショルツ首相の応援は一切断り、ひたすら「ヴォイトケ」の名前を看板にして戦った。つまり、この選挙での最重要事項は、国民を苦しめている経済問題でも、エネルギー問題でも、移民・難民問題でもなく、ＡｆＤの撲滅のためであった。国民は捨て置かれたのである。

さらに何が起こったかというと、ザクセン州の州首相を始め、ＣＤＵの大物政治家がブランデンブルク州の有権者に向かって、社民党に投票するようアピールした。ブランデンブルクで死闘していたＣＤＵの候補者らにしてみれば、背後から味方の弾が飛んできたわけだ。これでは党の団結は崩れるし、ＣＤＵは何のために存在するのかもわからなくなる。そもそもこのような不条理な協働は、本来なら民主主義の要《かなめ》である「選挙」という仕組みを冒瀆《ぼうとく》していることにはならないか。

ただ、実際問題としてこのアピールは効いたらしく、計画通りＣＤＵの得票が減り、社民党が生き延びた。しかし、緑の党（４・１％）と左派党（３・０％）はその巻き添えを食って、議会から弾き出された。結局、残ったのは得票13・５％のＢＳＷ。要するに、今後のブランデンブルクの州議会には、社民党、ＡｆＤ、ＢＳＷ、ＣＤＵの４党しかなくなってしまう。ここからＡｆＤを除けば、残るは３党だ。

ただ、社民党とＣＤＵが組んでも過半数には足りない。だったら、社民党とＢＳＷが組むのか、あるいは３党連立……？

これが「〝民主主義〟を守るためだ」というのは、なんだか違う気がする。

戦後のドイツは、ＣＤＵと社民党が良い政治家を輩出し、２大国民政党として切磋琢磨《せっさたくま》しながら国力を高め、国民は国民で勤勉に働き、ホロコーストで地に堕ちた名誉を次第に回復した。政治家も国民も、口には出さずとも、自分たちの力で民主主義を実現したいと祈念していたはずだ。それが今、政治家は、理想も国民も放り出し、民主主義の防衛と叫びつつ、その実、民主主義を踏み躙《にじ》っているように思えてならない。

もう一つの最新情報は、8月30日、ドイツ政府が、重罪犯として服役していた28人のアフガニスタン人を強制送還したこと。

これには前段がある。実は同月22日、ゾーリンゲン市の市政650年のお祭りの場で、26歳のシリア難民がナイフで唐突に無辜《むこ》の市民を3人も刺し殺すという事件が発生し、ドイツ中に衝撃が走った。その後、これまでアフガニスタンの重罪犯の母国送還など絶対にできないと主張していた政府が、瞬く間にそれをやってのけたわけだ。この政府の動きは、事件が9月の選挙に響くことを恐れたからだということは、誰の目にも明らかだった。

しかも、後でわかったところでは、政府は囚人一人につき、1000ユーロをプレゼントしたという。アフガニスタンでは1~2年分の年収だそうだが、何のために重罪犯にご褒美をあげなければならないのかの説明はなかった。なお、選挙が終わった今では、重罪犯の母国送還が継続されるかどうかも、もうわからない。

1924年に生まれ、2014年に没したペーター・ショル＝ラトゥアという有名なジャーナリストがいる。1919年にドイツ領からフランス領に戻って間もないアルザス地方で生まれた人だ（後の国籍は独仏両方）。戦中、戦後と、ユダヤ人としての運命に翻弄されながらも（母親がユダヤ人）、ドイツでの学業の後、ジャーナリストとなった。そして、多くの紛争地に入り込み、曇りのない目で物事を公平に眺め、真実を報道し続けた真のジャーナリストである。

世界情勢の分析についての晩年の著作では、メインストリームとは明確に袂《たもと》を分つ深遠な考察が、読む者の心に突き刺さる。特に、ロシアやアフガニスタンについて、氏が何十年も前に語ったことは、氏の慧眼《けいがん》を、今になってはっきり証明している。

ただ、彼の言葉には、今のドイツなら「極右」と叩かれてもおかしくない主張も多い。反対に、これを見ると、この40年間で、いかにドイツが変容したかが具《つぶさ》にわかる。それは、また、私が過ごしたドイツの40年でもあったのだ。

そのショル＝ラトゥア氏の言葉で、本書を締めたい。

Wer halb Kalkutta aufnimmt, rettet nicht Kalkutta, sondern der wird selbst Kalkutta.（カルカッタの半分を受け入れる者は、カルカッタを救わない。自らがカルカッタに

なるだけだ)

Peter Scholl-Latour.（ペーター・ショル＝ラトゥアー）

2024年9月
公園の落ち葉の上のマロニエの実に、ライプツィヒの秋を感じながら

川口マーン惠美

川口マーン惠美（かわぐち まーん えみ）
作家。日本大学芸術学部音楽学科卒、1985年にドイツ・シュトゥットガルト国立音楽大学大学院ピアノ科修了。2016年、『ドイツの脱原発がよくわかる本』（草思社）で第36回エネルギーフォーラム賞・普及啓発賞受賞、18年に『復興の日本人論 誰も書かなかった福島』（グッドブックス）が第38回の同賞特別賞を受賞。そのほかの著書として『無邪気な日本人よ、白昼夢から目覚めよ』（ワック）、『そしてドイツは理想を見失った』（角川新書）、『移民 難民 ドイツ・ヨーロッパの現実 2011-2019』（グッドブックス）、『世界「新」経済戦争』（KADOKAWA）、『メルケル 仮面の裏側』（PHP新書）、共著に『優しい日本人が気づかない 残酷な世界の本音』（ワニブックス／福井義高）などがある。

ドイツの失敗《しっぱい》に学《まな》べ！

2024年10月29日　初版発行
2024年12月25日　第2刷

著　者　川口 マーン 惠美

発行者　鈴木 隆一

発行所　ワック株式会社
東京都千代田区五番町4-5　五番町コスモビル　〒102-0076
電話　03-5226-7622
http://web-wac.co.jp/

印刷製本　大日本印刷株式会社

ISBN978-4-89831-911-6